:: 추천사 ::

인생의 터닝포인트가 있듯이 식당 운영자라면 이 책을 알기 전과 후로 나뉠 것입니다. 밤낮으로 장사만 하는 것이 아니라 손님과의 즐거운 마음을 나누고, 어떤 식으로 재방문을 유도하는지 식당의 성공이 아닌 인생의 성공이 담긴 나만 혼자 보고 싶은 책입니다. — 〈아이엠돈까스〉 김형언 대표

이 책이 많이 알려질수록 장사의 고수가 많아질까 묘한 짜증이 난다. 비단 나만의 생각은 아닐 것이다. — 〈금용〉 한지호 대표

외식업 30년 지기가 감히 추천하는 장사 필독시! 식당으로 가족의 생계를 책임지고자 한다면, 망하지 않고 성공하고 싶다면 시작하기 전에 반드시 읽어야 할 책! — 〈달콤스시〉 박성주 대표

산자락 가든 자리 50평에서 온리원 식당으로 우동 한 그릇을 판다. 모두가 염려했지만 이제는 온리원 메뉴여서 부러움의 대상이 되었다. 한 가지 메뉴로의 성공이 궁금하다면 창원으로 오셨으면 좋겠다. — 〈창원 우동한그릇〉 백승민 대표

이 책은 대박을 위한 창업서!?가 아니다. 하!지!만! 단단하게 내일을 꿈꿀 수 있는 창업을 원한다면 반드시 읽어야 할 필독서이다. — 〈동태한그릇〉 변광섭 대표

이 책은 다른 식당 창업 책과는 다르다. 이 책을 읽는다면 어느새 대박식당의 길을 갈 것이며, 쪽박식당에서 희망의 황금길을 알게 될 것이다. 당신의 삶은 풍요 속에서 행복을 만끽할 것이다. 식당을 창업하고자 하는 분의 필수 지침서 〈식당의 정석〉을 추천합니다.
— 〈장지리막국수〉 서현석 대표

쉽게 차리는 만큼 쉽게 망할 수 있는 게 식당. 절대 쉽게 차리지 않도록, 그래서 절대 망해서는 안 되도록 도와주는 정석 같은 책이다. — 〈화순집〉 김수오 대표

지지 않는 장사, 남과 다른 장사를 알게 해준 인생의 선물 같은 책이다.
— 〈스시생선가게〉 문석현 대표

낯선 중국 항주에서 현지 동업자와 갈라선 후 여러 모로 힘든 시기에 소장님을 알게 되었습니다. 그 후 많은 배움을 얻어 현재는 중국 맛집평가사이트에서 항주 전체 평점 1위를 달성했습니다. 이 책을 계기로 누군가의 힘든 시기에 저처럼 1등 맛집이라는 꿈을 꾸고 그걸 이루게 해줄 계기가 되길 기원합니다.
— 〈서상훈떡볶이〉 서상훈 대표

온리원이 넘버원이다
식당의 정석

온리원이 넘버원이다

식당의 정석

이경태 지음

천그루숲

머리말

20년 전 〈신동엽의 신장개업〉이라는 프로그램을 보고 식당 컨설턴트의 꿈을 꿨습니다. 그리고 '온리원이 넘버원'이라는 믿음으로 18년을 버텨냈습니다. 오직 외식 컨설팅만 하면서 18년 한길을 걸어왔습니다.

그 18년 동안 11권의 식당 창업·경영서를 집필했습니다. 그리고 전국에 수십 개의 1등 식당, 수백 개의 멋진 식당을 만들었습니다.

이제 〈식당의 정석〉에서 그 노하우를 공개하고자 합니다. 이 책을 읽는 소수만이라도 '실패와 친구하지 말자'는 뜻입니다.

여러분이 그동안 알고 믿어오던 지식·상식과 전혀 다른 이야기로 '장사가 이렇게 쉬워?'를 보여드리고 싶습니다.

고수는 단번에 맥을 잡아냅니다.

고수의 보고서는 한 장을 넘지 않습니다.

이경태

차 례

머리말 ... 5
프롤로그 / 외식 컨설턴트 18년, 이경태의 꿈 ... 9

먼저보기
창업 입문자를 위한 책 속 강의 〈점포 발굴부터 오픈까지〉 13

PART 1
월세 노예로 살지 마라. 가든형이 대세다

001 상권분석의 시대는 갔다 ... 28
002 비싼 권리금에 멍든다 ... 31
003 대형식당과 싸우다 쪽박찬다 ... 35
004 건물주를 위한 장사를 하지 마라 ... 39
005 가든형만 살아남는다 ... 42
006 권리금을 줄이면 운전자금이 생긴다 ... 46
007 진짜 손님은 찾아가는 식당을 즐긴다 ... 49
008 〈잘 나가는 맛창 식당 Case 1〉
    역곡 〈동태한그릇〉 - 2,000만원 빌려서 하루 200만원 파는 식당 ... 52
009 〈잘 나가는 맛창 식당 Case 2〉
    양평 〈양수리한옥집〉 - 권리금 0원으로 명품 한옥식당을! ... 59
010 〈잘 나가는 맛창 식당 Case 3〉
    대전 〈웃는곰갈비〉 - 동네뒷길 월세 70만원, 매출은 월 4천만원! ... 66

PART 2
생각을 깨면 손님이 보인다

001	메뉴가 많아야 잘된다?	74
002	점심 특선이 필요하다?	82
003	술안주 메뉴가 있어야 한다?	84
004	마진이 높을수록 좋다?	87
005	1인 1식이어야 한다?	90
006	추가·곁들임에서 남긴다?	93
007	계절메뉴가 필요하다?	96
008	〈잘 나가는 맛창 식당 Case 4〉 삼척 〈삼척수제비〉 - 버스에서 내리면 스무걸음	103
009	〈잘 나가는 맛창 식당 Case 5〉 경기도 광주 〈장지리막국수〉 - 사계절 열두 달 문전성시	110

PART 3
맛창식 컨설팅의 당당한 성공 공식

001	경쟁자가 없는 곳으로 간다	118
002	창업비용의 거품을 없앤다	121
003	생각을 깨는 훈련을 반복한다	124
004	온리원을 결정한다	127
005	판매가를 높게 잡는다	130
006	주력품 외에는 마진을 포기한다	133
007	한마디의 말도 다르게 표현한다	137
008	〈잘 나가는 맛창 식당 Case 6〉 제주 〈보스코화덕피자〉 - 제주도 한라수목원 화덕피자	141
009	〈잘 나가는 맛창 식당 Case 7〉 전남 〈화순집〉 - 시골 골목길에 숨은 닭칼국수	146
010	〈잘 나가는 맛창 식당 Case 8〉 광주 〈탱고아구찜〉 - 아구찜은 콩나물찜이 아닙니다	150

PART 4
장사는 사실 간단한 산수이다

001 반드시 주력품은 가격을 더 받아야 한다 158
002 곁들임은 소마진이거나 노마진이어야 한다 160
003 小中大를 화려하게 만드는 기술(1) 164
004 小中大를 화려하게 만드는 기술(2) 167
005 1인 1식을 포기하면 체감가격이 싸진다 172
006 한 상에서 몇 명이 먹던 눈감아야 한다 175
007 뻔한 가격이면 새로운 조합을 만든다 178
008 〈잘 나가는 맛창 식당 Case 9〉
    남양주 〈공과장의 HoPe - 3만원 약속하면 피자가 선빵〉 184
009 〈잘 나가는 맛창 식당 Case 10〉
    마포 〈그 남자의 가브리살〉 -고기 추가하면 반드시 보답! 189

PART 5
하수는 가격, 고수는 가성비로 승부한다

001 장사에도 급수가 있다 198
002 하수는 다메뉴로 싸운다 201
003 하수는 가격으로 싸운다 204
004 하수는 맛으로 싸운다 207
005 고수는 주변과 상생한다 209
006 고수가 가격을 인상할 때(1) 211
007 고수가 가격을 인상할 때(2) 214
008 고수가 아니어도 인생의 주인공이다 217
009 고수는 오토식당도 쉽게 만든다 220

부록
누구나 습관되면 성공하는 식당성공레시피   223

프 | 롤 | 로 | 그

외식 컨설턴트 18년,
이경태의 꿈

누구나 '최고의 식당'을 꿈꾼다. 하지만 그것은 꿈꾸고 노력한다고 되는 것이 아니다. 운도 따라야 한다. 오픈을 돕는 사람, 일하는 사람, 돈 쓰러 오는 사람들과의 궁합도 잘 맞아야 한다.

그에 반해 하루 4시간 문 여는 식당은 누구나 마음만 먹으면 할 수 있다. 어차피 점심 2시간, 저녁 2시간 바짝 벌어야 하는 것이 식당의 운명이자 현실이다. 그런데 말처럼 쉽지 않다. 하루 3회전은커녕 2회전도 힘에 부치는 식당들이 즐비하다. 그럴 바에야 차라리 점심이든, 저녁이든 4시간만 정해놓고 문을 열면 오히려 손님의 시선을 끌어낼 수 있다.

피자를 주어 성공한 식당들도 만들어봤고, 초밥집도 전국에 퍼지도록 씨앗 노릇도 해봤으니 이제 필자의 꿈은 '하루 4시간 영업하고도 행복한 식당을 만드는 일'이다.

하루 4시간이면 결국 직원 근무시간도 6시간이라는 매력적인 조건으로 해결된다. 당연히 인건비도 덜 들어간다. 당연히 사람도 골라서 뽑을 수 있다. 당연히 경쟁자들과는 다른 영업시간 때문에 손님이 구경삼아 기웃하기 더 쉽다. '가성비'만 갖췄다면 그들도 결국 인정할 것이다. 그리고 식당 주인은 삶의 질이 높아질 것이다. 아이들과 함께하는 시간, 아내와 함께 여행을 갈 수 있는 시간, 부모님을 찾아뵙는 시간도 더 많아질 것이다. 직장인보다 적은 하루 6시간의 노동을 하는 식당, 근사하지 않을까?

또 하나의 꿈이 있다. 바로 '서서 먹는 식당'이다. 그것이 우동이 되었건, 돈가스가 되었건, 만두가 되었건 서서 먹게끔 하는 식당을 만들고 싶다. 단품으로 온리원이 가능한 메뉴라면 얼마든지 여지는 있다. 그걸 먼저 해보이고 싶다.

다들 필자의 컨셉이 되겠냐고 했었다. '피자를 주는 걸로 손님을 끌 수 있겠어?' '초밥 10알을 1만원에 팔아서 남는 게 있겠어?'라고 했다. 그런데 결국은 그것이 이긴다는 것을 보여줬다.

이제 또 다른 것에 대한 결과를 향해 걸어가고 싶다. 이것이 필자의 꿈이다.

동네 식당도, 길거리의 식당도 흔하게 생기고 문을 닫는 것을 본다. 각자의 사정과 아픔이 있겠지만 왜 저렇게 하다가 문을 닫을까 하는 아쉬움이 더 크다. 진짜 싸울 준비는 해두었던가? 진짜 마지막 칼을 꺼내보기는 하고 문을 닫는 것인가?

대부분 식당의 수순은 비슷하다. 예상했던 것과 달리 매출이 부진하면 첫째가 메뉴를 늘리고, 둘째가 가격을 할인하고, 셋째가 업종을 바꿔보고, 거기서 다시 메뉴를 늘리고 할인을 하고를 반복한다. 그러니 나아질 것이 없다. 본질은 모른 채 오직 그것만으로 풀려고 하니까 되지 않는다. 본질은 간단하고 단순하고 명쾌하다. 내 음식 중에서 가장 반응이 좋은 것 하나에 집중하는 것이다. 오히려 그것의 가격을 더 받아내면 된다. 그리고 더 받아낸 가격을 내가 갖지 않고, 손님에게 돌려줄 장치로 써먹으면 된다.

바로 이 공식이다. 이것을 모든 식당이 알았으면 하는 꿈이 있다. 그렇다면 절대 쉽게 망하지도, 허술하게 쓰러지지도, 가차없이 재산을 날리는 일도 없을 것이다.

그런데 그걸 모른다. 여전히 다메뉴로 다양한 고객층을 잡아야 한다고 믿고 있고, 창업 전문가들이나 컨설턴트들 역시도 그 틀에서 벗어나지 못한다. 그러니 그들 말을 따르는 일반인들은 시작부터 힘들게 출발하는 것이다.

일전에 한 컨설턴트가 만든 횟집을 간 적이 있다. 수십 가지의 메뉴가 있었다. 주인에게 물어보니 간판에 쓰진 '광어세꼬시' 하나가 전체 메뉴 중 80% 팔린다고 했다. 나머지는 어쩌다 나가는 메뉴인데 그걸 위해서 준비하는 것이 너무 힘들다고 했다.

구색이 다양하면 손님은 일단 좋아한다. 그러나 감흥은 없다. 다양한 선택지(메뉴)가 있으면 골고루 돌아가면서 먹으니까 좋지만, 정작 중요하고 필요한 때 그 식당은 머리에 떠오르지 않는다. 그저 끼니 한 끼를 때우는 식당일 뿐이기 때문이다.

필자라면 횟집이라도 횟감 하나에 집중한다. 그리고 거기에 컨셉을 담는다. 절대 이 집 아니면 먹을 수 없는 상차림 구조를 제안한다. 손님이 더 값을 치루지만, 식당이 아니라 손님에게 이득되는 구조인지라 기꺼이 값을 더 지불하고 먹는 식당으로 만든다.

어렵지 않다. 이 책을 벗 삼아 읽다보면 왜 필자의 어렵지 않다는 말이 몸속으로 파고드는지를 알 수 있을 것이다. 절대 불가능한 일이 아니다. 필자의 컨설팅으로 자리잡은 식당들 메뉴는 한 가지거나 잘해야 두 가지다. 오로지 그것만 판다. 그것에만 몰입하게 감시한다. 그래서 결국 이겨낸다. 삼겹살은 팔지 않으니까 앞집에서 드시고, 우리 집에서는 돼지갈비 하나만 판다고 한다. 짜장면은 팔지 않으니까 이 번호들로 배달시켜서 먹고, 우리가 잘하는 짬뽕 하나만 주문하라고 만들어 버린다.

모든 식당은 1인 1기(한 사람이 한 가지 재주로 싸우는), 1촌 1품(일본에 가니 한 마을이 한 가지 특성화된 상품으로 관광객을 맞이한다는 뜻)처럼 저마다 한 가지 무기를 가진 식당이 되기를 바라는 마음이 필자 이경태의 꿈이다. 그것을 이 책을 통해 스스로 일궈내기를 진심으로 바라는 바이다.

먼저 보기

창업 입문자를 위한 책 속 강의
: 점포 발굴부터 오픈까지

여러분은 앞으로 이기는 장사꾼입니다

1. 오픈 날이 망한 날이라고 생각하고 급하게 손님맞이 하지 마시고, 망한 가게를 찾아준 아주 귀한 손님으로 대하세요. 그런 손님에게 원가가 어떻고 저떻고… 못 따질 겁니다.

2. 평범한 것도 다르게 보세요. 다른 그릇, 다른 담.음.새. 다르게 내어줌의 순서 등 할 수 있는대로 다르게 만들어서 선보이려고 하세요.

3. 타이밍 중요합니다. 추가 반찬을 내어줄 타이밍, 거스름돈 우수리를 인심 쓸 타이밍, 가게에서 시도해야 할 타이밍 엄청 많습니다. 타이밍에 강하면 생색이 강해집니다.

4. 제발 원가에서 자유로워 지세요. 팔리지 않으면 매출은 언제나 제로입니다. 팔리게끔 가격을 매기세요. 조금 더 올려서 매기고, 조금 더 올린 것을 그대로 100% 다 주세요.

5. 맛창만 보지 마세요. 실천하세요. 머리로 장사하는 제일 위험한 패를 꺼내지 마세요. 세밀한 방법을 모르면 물어보세요. 물어서 하세요.

자리를 결정할 때는

1. **우선적으로 호감이 가야 한다.** 무언가 끌리는, 들여다보고 싶은 밝은 기운이 드는 가게여야 한다.
또는 아이템이 순간적으로 확 떨어지는 그런 가게여도 좋다.
(나에게 확 정리된다는 것은, 손님에게도 그럴 수 있다)
2. **권리금이던, 월세던 어떤 조건이 좋아야 한다.** 그것 때문에 나중에 팔기에도 유리할 것이라는 장점이 있어야 한다.
3. **팔기 좋아야 한다.** 나중에는 반드시 팔 것이다. 그러자면 보증금도 낮고, 월세가 싸야 권리금을 더 받아낼 수 있다.
권리금 흥정으로 쉽게 빠져나갈 수 있다.
4. **장사하기 좋아야 한다.**
천년만년 장사할 것은 아니지만, 장사를 하는 동안에는 무조건 돈을 벌 수 있고, 좋은 투자라고 결정할 수 있는 그런 가게여야 한다.
5. **유사 조건의 점포와 비교할 때 '좋다면 좋은 것'이다.**

| 막연히 예쁜 인테리어 좋다. 컨셉 이런 것 무시해도 좋다. | 인테리어 |

1. 비용이 절감되는 부분이 있다면 그래도 좋다.
2. 어떤 메뉴를 하건, 타겟이 궁금할 인테리어 형태라면 그래도 좋다.
3. 특히 건축을 하기 전에라면 인테리어 외부 투시도를 가지고 건축을 하면 상당한 비용을 줄일 수 있다. 골조 자체를 투시도에 맞게 그리고, 불필요한(나중에 인테리어 시공시 철거할 부분) 중복 공사를 예방한다.
4. 인테리어만큼 익스테리어도 중요하다. 끌려야 문을 연다. 호감이 가게 생겨야 믿음이 가는 이치와 같다. 간판과 파사드를 그래서 강조하는 것이다.

| 인테리어가 체크해야 할 일들 | 인테리어 |

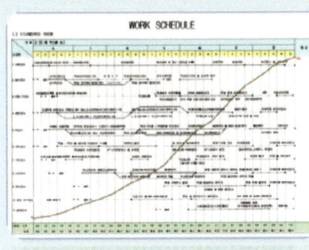

1. 철거 및 폐기물 처리
2. 디자인 컨셉 결정과 전체 견적 산출
3. 전 공정의 감리 및 마감 책임
4. 전기 증설 및 시공 감리 (분전함)
5. 가스(LPG / LNG) 증설 및 시공 감리
6. 에어컨의 고정 위치와 시공 감리
7. 주방설비와 연계한 수전과 전기 위치
8. 주방 트랜치 위치와 형태
9. 주방 방수와 더불어 화장실 방수
10. 카운터 모양내기 (POS 공간과 전선 구멍)

인테리어 진행에 대한 전 과정 정리 — 인테리어

1. 현장 답사를 통해 실측과 시공의 문제점 확인
2. 평면도 준비
3. 평면도의 주방 위치와 동선, 테이블 위치 교정
4. 교정된 내용에 맞게 투시도 준비 + 견적 산출
5. 투시도가 여의치 않을 경우, 확인 가능한 이미지컷 준비

6. 시공 공정표 피드백
7. 공정표상의 가장 중요한 부분의 공사 확인
8. 점주 컨펌이 필요한 날짜 체크
9. 공사기간 지연에 대한 책임소재 합의

10. 업체의 시공과 점주 현장 확인
11. 시공 소재, 디자인에 대한 컨펌
12. 준공 청소 확인
13. 준공 청소 후 마감 감리와 미비한 부분 지적
14. 지적된 내용에 대한 마감 완료 확인

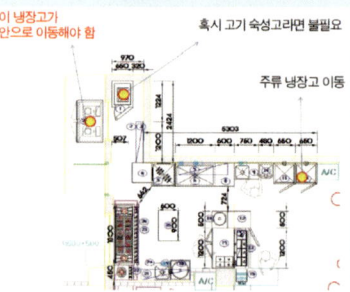

인테리어가 주방 설비와 함께 체크할 일들 — 인테리어

1. 기존 하수구 구멍의 막힘 여부 체크
2. 특히 트랜치 크기는 물론, 일반 하수물과 식기세척기 배수물에 대한 트랜치 연결 문제는 꼭 사전 정리해야 한다.
3. 배식대의 높이 결정(외부와 내부 바닥이 다르기에 이것도 정확히 수치를 계산해서 주방 내부를 기준으로 홀 서빙의 배식대 이용 높이를 결정하게 해야 한다)
4. 수전의 위치와 형태 등도 결정해야 한다. 특히 막수도 위치도 결정 필요.
5. 전기코드의 경우 냉장고용으로는 바닥보다는 상부가 낫다.
6. 주방설비품목(특히 냉장고)이 들어갈 수 있게 문짝 크기도 상의해야 한다.
7. 순간온수기 위치와 시공 책임 (인테리어와 설비 중)
8. 가스 배관에 맞는 작업대 선반의 특이사항 체크
9. 주방 후드를 외부 어디로, 어느 정도 올려야 하는지도 사전에 체크한다.

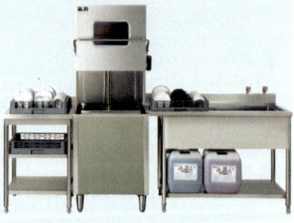

주방 설비 시공 내용의 정리 — 주방설비

1. 인테리어가 설계한 평면도를 가지고 주방 레이아웃을 잡는다.
2. 주방 레이아웃에서 높은 렌지의 크기, 낮은 렌지의 수량을 결정한다.
3. 순간온수기와 식기세척기, 튀김기 등의 제품에서 가스형과 전기형을 미리 구분한다.
4. 3번을 구분한 후 가스 칼로리를 계산하여 현재의 가스등급과 증설등급의 비용과 시공 후 검사기간(가스 개통일자 때문에)을 반드시 사전에 체크한다.
5. 냉장고 역시 냉동과 냉장(기성품은 냉동 1칸, 냉장 3칸이다)의 수량에 맞게 제작하도록 발주한다.
6. 음료냉장고 / 반찬냉장고 / 냉장 캐비넷의 경우 손잡이가 반대로 달려야 하는 경우가 있다. 이도 체크해야 한다.
7. 외부에 배치되어야 할 정수기, 음료냉장고, 컵 세정대, 온장고 박스 등의 위치를 잡는다.
8. 현장을 실측한다. 목공작업으로 주방의 기본 틀이 설정되면 1차 실측한다. 이때 외부로 나가는 문의 위치나, 주방 출입구의 크기(냉장고가 들어갈 수 있는)도 결정해야 한다. 배식대의 길이와 폭 역시도 이때 결정한다.
9. 주방 타일공사가 끝나면 2차 실측한다. 특히 타일로 인한 바닥의 높이로 인해 배식대 앞 작업대나 선반, 그리고 수전의 높이가 달라질 수 있으니 유의한다.

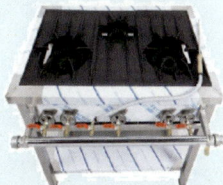

조금 더 확인하면 좋은 주방 시공 포인트 — 주방설비

1. 수도 계량기의 위치 (바닥에서 20전 이상 올리고 작업대나 선반이 놓일 자리는 피한다)
2. 수도 꼭지의 높이 (대형 양푼도 씻는다는 가정 아래 세정대에서 40전 이상 높인다)
3. 배식대와 퇴식대의 처리 (업장이 큰 경우가 아니라면

    같은 위치를 쓰기 때문에 효율적인 구도가 필요하다)
4. 바닥은 굳이 타일을 붙이지 않아도 좋다. 타일은 아무래도 미끄럽고

    오물이 잘 낀다. 그냥 시멘트 공사를 한 맨바닥이

    가장 좋은 바닥이기도 하다.
5. 벽면 타일은 모양을 내기 위한 부분이란 측면에서

    좋은 유광 타일을 붙이는 것도 산뜻한 주방을

    만들어 내는 방법이다.

중고를 써도 무관한 주방제품 — 주방설비

*냉장고

(1년 정도의 중고는 새것과 다르지 않다. 새것의 60% 가격이다)

*육수통, 제빙기 등의 단품 제품도 중고라고 외면할 필요는 없다.

단, 작업대나 선반은 필요 치수에 의해 제작한다.

➜ 이것의 값 차이는 스텐의 두께 그리고 몇 번을 접었는가 하는 부분이다.

(두드려서 탕탕 소리가 아닌 통통 소리가 나면 제 두께를 사용한 것이고,

선반의 경우 손을 밀어 넣어 베이지 않는다면 제대로 작업한 것이다)

*주방 후드도 함석이냐 스텐이냐에 따라 비용 차이가 두 배 이상 난다.

보이는 않는 주방이라면 굳이 스텐을 쓰지 않아도 좋다.

함석에 도색을 해도 좋다.

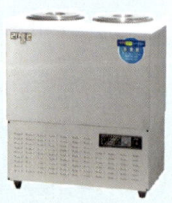

간판 제작에 대한 기초 이해 — 간판

1. 간판 규제 여부 확인 > 규제 강도 확인
2. 사진처럼 바를 대고 시공한다면 별 문제 없으나, 우측처럼 바탕벽에 부착하는 시공이라면 바탕면을 시공하는 팀(대게는 인테리어)과 사전조율을 해야 한다. 선을 바탕벽 속에서 꺼내야 하기 때문이다. 거기에 안전기를 둘 공간도 생각해야 한다.
3. 스카시 시공 부분에는 반드시 HQI 조명을 부착한다. 개당 6만원이다.
4. HQI 조명에 LED 시공을 하기도 하는데, 발광의 힘이 약하다는 단점이 있다.
5. 간판은 대부분 시공자가 서류 작성 후 허가 신청을 한다.
6. 간판 규제는 지역마다 차이가 있기에 허가 신청서에는 '슬로건이나 메뉴 표시' 이런 것은 빠져야 한다. 오직 상호와 심볼, 전화번호만 넣는다.
7. 선 신청 후 시공이므로, 오픈 날짜 전에 부착하려면 사전준비는 필수다.

간판 제작에 대한 기초 이해 — 간판

*간판은 법 규제상 이제는 [문자 채널형(일본식 표현으로는 잔넬)]으로 제작해야 한다. (쉽게 본죽 간판을 생각하면 된다)

*간판 법 규제는 다음과 같다.
간판을 부착할 면을 모두 쓸 수 있는 것이 아니라, 간판 바탕면은 총 크기의 80%만 사용할 수 있다.
글자의 높이는 45센티를 넘어서는 안된다. 그러나 자로 딱 재는 것이 아니라서 조금 여유는 있다. 특히 캐릭터 같은 심볼은 50~60cm도 용인이 될 수 있다.

*유리창에 부착하는 불투명 시트는 엠보 혹은 에칭시트라고 한다. 이 시트는 내부를 가림이 목적이나 모양을 꾸미지 않으면 지나치게 볼품 없어지기 때문에 시트를 바른 후 커팅을 해서 모양을 내거나, 계획적으로 원하는 모양을 낸 시트로 출력해 붙인 후 따내는 방식이 좋다.

간판 제작에 대한 기초 이해 — 간판

내부에 포스터 및 메뉴를 벽에 부착하는 경우 아크릴 다보(고정핀) 작업을 한다.
아크릴은 뒷면은 3mm, 앞면은 5mm로 제작하여 구부러짐이 없어야 한다.
포맥스로 제작한 천정걸이 POP물은 인테리어용 와이어 줄로 매달아야 보기가 좋다. 낚시줄은 팽팽치 않다.

외부에 세워두는 배너는 페트천이라는 소재로 출력하기에 색이 쉬 바래지 않는다. 현수막 대신 페트천을 이용해 홍보하는 것도 좋다.

간판 제작에 대한 기초 이해 　　　　　　간판

간판집에도 디자이너가 있다. 그러나 보수가 적어도 퀄리티가 떨어진다.
심지어 주인이 대충 하는 경우도 있다. 역시나 퀄리티는 떨어진다.
디자인을 의뢰한 업체에게 간판의 규격을 알려주고 디자인을 맡겨야 한다.

물론, 규제 대상인 지역의 간판은 이런 '파나플랙스'를 쓰지 못하니,
크게 중요한 지적은 아니다.

돈은 가장 적게 들지만, 가장 중요한 디자인 　　　　디자인

캘리그라피(붓글씨 서체)가 대세이긴 하지만,
이것이 능사는 아니다.

옆의 그림처럼 평범한 서체에 포인트를 주어
변형하는 로고체도 좋은 사례다.

가장 나쁜 로고는
어딘가 불안해 보이고, 지나치게 흔해서 식상한 '간판집 DB 자료집'에 있는 서체들이다.

돈은 가장 적게 들지만, 가장 중요한 디자인 　　　　　디자인

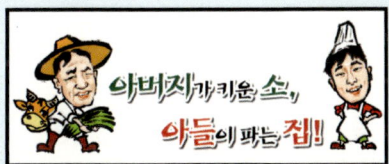

로고와 결합되어 좋은 것이
바로 슬로건이다.
어떤 메뉴를 파는지를 설명하고,
어떤 자신감이나, 컨셉을 가졌는지
설명되기 때문이다.
그러나 이름 자체가 독특하면 오히려
슬로건은 방해가 될 수 있다.

슬로건은 글씨체에 모양을 낼 필요가 없다.
슬로건과 로고가 함께 디자인되면
시선이 분산되어 효과가 떨어진다.

돈은 가장 적게 들지만, 가장 중요한 디자인 　　　　　디자인

전단지는 반드시 8절 크기로 제작한다.
A4와 같은 4,000장이 인쇄된다.
가격은 4,000장 출력에
대략 12만원이다.
(종이 무게 100g 양면인쇄 기준이다)

어떻게 만들까는 각자 내키는대로
하더라도
크기는 꼭 8절 크기로
만들어 뿌려야 한다.

| 돈은 가장 적게 들지만, 가장 중요한 디자인 | 디자인 |

로고를 디자인하는 비용은 30~50만원 정도이다.
캐릭터를 포함할 경우 이 비용에서 2배라고 보면 된다.
➔ 인터넷으로 실적물을 살펴본 후 결정해도 좋다.

로고를 만들면 이후 준비해야 할 것은 간판, 명함, 메뉴판, 벽 POP, 현수막,
유리창 시트(이게 의외로 많을 수 있다), 쿠폰(할인권) 등등이다.
1. 페이지당 10만원 정도의 비용을 주고 의뢰하면 된다.
2. 디자인 양을 생각해서 합 00만원으로 제시해도 좋다.

** 가장 중요한 것이 제작 기일이다.
   (오픈 한 달 전부터 준비를 시작해야 한다)
1. 로고 제작기일(발주부터 컨펌까지) 약 7~10일
2. 간판 디자인 3~5일 (이것이 있어야 간판 견적이 가능하다)
3. 메뉴판을 포함한 각종 디자인 제작기일 1주일
4. 최종 컨펌 후 발주하여 납품을 받는 기간 3~5일
5. 특히 쇼핑백 같은 경우는 보름 이상 걸리기도 하기 때문에 반드시 먼저 준비해야 한다.

| 돈은 가장 적게 들지만, 가장 중요한 디자인 | 디지인 |

00포장(작업시간 15일)
1,500장 견적가 부가세 포함(973,500원)
기계접(초기 판비 240,000원)
➔ 로스 多 (기계 제작이라서 불량이 많은 단점이 있음)
개당 단가 (@430원)

00인쇄소(7~8일 정도)
견적가 10,000장 기준시
(기계접 : @350원, 도무송 : @450원) 부가세 별도

소량 1,500장 견적가
개당 단가 도무송 @590원 부가세 별도
➔판비가 따로 들지 않고, 수작업이라서 불량이 거의 없음
➔제일 무난한 선택일 수 있다.

그릇 선택의 원칙   그릇

그릇은 멜라민과 자기 그리고 스텐으로 크게 구분한다.
중국산 자기는 국내산 멜라민과 비슷한 가격대로 보기에 그다지 나쁘지 않다.
멜라민에서도 수요가 많지 않은 '토기형 멜라민'은 오히려 자기보다 비싸다.

1. **그릇도 디자인이다.** 색다른 그릇이 새로운 맛도 전달한다.
2. **생각을 깨라.** 이 음식은 꼭 '저 그릇에'라는 생각을 깨면 선택이 넓어진다.
3. **가격으로 그릇을 고르지 마라.** 깨지지 않는 한 평생 가는 게 그릇이다.

그릇 선택의 원칙   그릇

그릇을 싸게 사려면 여주, 이천의 도자기공장을 직접 가는 것도 방법이다.
덤핑용 그릇을 구매할 수도 있고, 소장용이 아니라
식당 업소용으로 저렴하게 구워내는 그릇들이 있다.
또는 마음에 드는 외산 그릇을 가져가 카피를 원해도 좋다.
(아래도 '영국제품'을 카피한 그릇이다. 여주에서 만들었다.)

그릇 선택의 원칙   그릇

거래에 있어서 뻔한 원칙이 있다.

앞 골목은 사람이 많다. 많은 손님이 오니까, 일단 불러놓고 본다. 그래서 싼 거 같지만…
비싸게 구매를 한다.
앞 골목과 뒷 골목의 제품이 다르지 않다. 특히 그릇은 어디를 가나 다 똑같다.
그래서 뒷 골목에서 구매해도 좋다.
앞에서… 슬쩍 견적을 알아보고, 뒤로 가라. 흥정은 거기서 해라.
어쩌다 들린 소중한 손님을 놓치지 않기 위해서 잘 쳐준다.
(도매 위주일 경우에는 이 방법도 통하진 않지만, 그래도 시도해본다. 돈 드는 거 아니다.
해보고 통할 수 있다)

그리고 거래처는 계속 소개를 받는다.
그릇집에서 주방 설비로, 설비 집에서 가구 집으로 소개를 받는 것도 좋은 방법이다.

장사꾼 卒과 將

〈장사꾼 卒〉

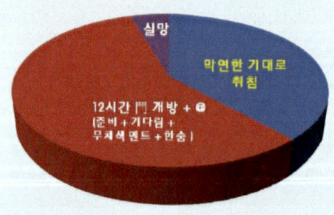

이런 장사를 하는 경쟁자가 넘쳐나서
그나마 당신의 가게가 유지되는지 모릅니다.

〈장사꾼 將〉

주방이 번거로우면 손님이 좋아하고
주인 몸이 힘들면 가게가 좋아합니다.

PART 1

Restaurant
food and drinks

월세 노예로 살지 마라
가든형이 대세다

내 인생의 주인공은 바로 나 자신이다. 그런데 사람들은 남이 주인공인 삶을 사는 것을 서슴지 않고 선택한다.

'나중은 어떻게 되겠지' 하는 마음으로 자신의 인생을 함부로 던지고 있다. 높은 권리금도 남이 먼저 채갈까 지불하고, 높은 월세도 장사가 잘되면 '그거 못낼까?' 하며 덤벼든다.

하지만 장사는 현실이다.

자기만 치열하게 덤비는 것이 아니다. 누가 더 준비를 철저히 하고, 전념하고 몰입해서 하는가에 따라 순위는 정해진다. 순위에서 밀리면 월세 노예살이를 해야 한다. 순위에서 밀리면 처음 지불했던 권리금은 회수할 길이 없다.

그걸 벗어나자면 지금까지 알고 있던 상권에 대한 이해를 바꿔야 한다. 사람이 많은 곳이 좋은 곳이라는 믿음부터 깨야 한다. 전문가들이 말하는 상권분석은 90년대 이야기라고 치부해야 한다.

이제는 손안의 세상이다. 손안에서 모든 것이 해결되는 세상이다. 그 어떤 정보도, 궁금증도 손가락 몇 번이면 해결된다. 지난 구시대의 유물과 같은 상권분석, 입지에 대한 믿음은 지금부터 버려야 한다.

그래야 살아남는다.
성공은 몰라도 실패는 하지 말아야 한다면, 반드시 고여 있는 사고부터 지워내야 한다.

001
상권분석의 시대는 갔다

컨설턴트의
상권분석의 가치는 얼마?

● 솔직히 이야기해서 컨설턴트가 분석하는 상권의 가치는 기대할 것이 별로 못된다. 상당수 컨설턴드의 경우 상권에 대한 이해도가 90년대 지표에서 멈춰있기 때문이다. 하지만 지금은 그 당시에는 없던 정보의 집약체인 스마트폰이 일상이 되어 있는 상황에서 상권이라는 개념 자체가 모호해졌다. 스마트폰 하나로 모든 정보를 단번에 찾아내기 때문에 전단지 홍보는 어쩌면 가장 무능한 홍보수단일 수도 있다.

  상권분석을 하지 말자는 것이 아니다. 불특정 다수를 상대로 힘든 장사를 하길 원한다면 상권분석은 그래도 필요하다. 그러나 특정 계층을 공략해서 그들이 찾아오도록 만드는 입장이라면 상권분석은 중요치 않다. 왜냐면 손님이 알아서 찾아오기 때문이다. 그걸 원하는 손님들이 더 증가되는 세상이다.

모바일시대,
확실한 색깔을 가져라

● 특정 타깃도 없이, 특색도 없이 그저 구색 갖추기로 하루하루를 연명하는 90년대식 장사방식으로는 가게 앞 유동량과 소비의 수준이 중요하지만(그마저도 없으면 문 열고 문 닫고의 반복일 테니까) 확실한 색깔을 가진 식당은 부산에서도, 대구에서도 찾아오게끔 만든다.

대단한 블로거들이 아니어도 소위 맛집 투어를 위해 여행을 하는 사람들을 우리는 쉽게 찾아볼 수 있다. 그들에게 접근성이 좋은 역세권이나 시내의 유명 음식점은 더 이상 관찰 대상이나 호기심 대상이 되지 못한다. 멀리 있을수록 숨어 있을수록 발견의 가치, 재발견의 성공에 기쁨을 느낀다.

과거에는 정확한 위치 설명이 필요했다. 그래야만 상대가 찾아올 수 있었다. 그래서 랜드마크가 필요하고, 찾기 좋은 몫에서 하는 장사가 그래도 손님이 넘쳐났었다. 그러나 지금은 스마트폰 검색 한 방으로 몇 번 버스를 타야 하는지부터, 걸어서 어떤 골목으로 가야 하는지까지 알려준다. 외국에서도 로드뷰를 보고 현지 맛집을 쉽게 찾아내지 않던가?

중요한 것은 위치가 아니라
컨셉이다

● 위치를 설명할 필요가 없는 시대라는 것을 알아야 한다. 그래서

지금은 상권분석에 신경을 쓸 이유가 없다. 자리가 좋다고 손님이 몰리는 시대가 아니기 때문이다. 그럼에도 불구하고, 자신의 전문적인 식견을 자랑하기 위해서 상권분석을 강조하는 전문가들이 있다. 쓸모없다. 장사에서 중요한 것은 컨셉이다. 어떤 무기를 가졌는가가 중요하지, 어떤 자리를 지켰는가가 중요한 것이 아니다.

번듯한 도심일 필요도 없다. 또 많은 창업자들은 그럴 돈도 없다. 권리금도 안 되는 돈으로 식당을 차리자면 위치 싸움은 시작부터 말이 안 된다. 자리는 나쁘지만(나쁘다는 기준은 일반적 시각에서 봤을 때다) 확실한 컨셉과 무엇이 중요한지를 알고 차리는 식당들은 실패를 벗삼지 않는 것이다.

컨설턴트의 비밀노트

이경태의 상권수첩 창업전문가가 보고 배우는 맛있는 창업 / 체인본사가 보고 카피하는 맛있는 창업

| 목록 | 스크랩 | ◀이전글 | 다음글▶ |

컨설턴트의 力

돈을 많이 쓰게 하는 컨설턴트와 제 돈인냥! 쓰지 않도록 정리하는 컨설턴트의 차이.

가게를 구할 때 그 점에서 차이가 갈립니다.
가게가 가진 투자의 장점보다 가게가 가진 투자의 크기를 보는 것은 차이가 있습니다.
돈을 보는 컨설턴트는 오래갈 수 없습니다.
생각지 못한 방향을 제시하는 컨설턴트여야 합니다.
점주의 생각과 같은 수준으로…. 말이 번지르르 해서는 가치가 없습니다.
판 사람에게 다시 되판다?
어떤 명분을 다느냐에 따라서, 그것은 굉장히 묘안이 되기도 합니다.
**나에게 판 사람이 다시 내 것을 원할 수도 있다는 사실은…….
실제 상황일 수도 있습니다.**

식당의정석

002
비싼 권리금에 멍든다

왜 돈이 많이 드는 창업을 권할까?

● 식당을 차릴 때 가장 비중이 큰 금액이 바로 권리금이다. 적게는 수천만원에서 많게는 수억원까지 지불해야 한다. 보증금 액수보다 권리금이 더 많은 것이 일반적이다. 그럼 그렇게 많은 돈을 내야 하는 창업을 권하는 사람들은 어떤 이유가 있을까? 혹시 다른 속셈이 있는 것은 아닐까?

필자 역시 수년 전에는 컨설팅을 할 때 항상 이렇게 말했다. "자본이 1억원 미만이면 좋은 식당을 만들어드릴 수 없으니 다른 컨설턴트를 알아보세요"라고 말이다. 자신이 없었다. 권리금 주고 나면 끝인 자본금을 가진 창업자를 컨설팅할 자신이 없었다. 하지만 지금 돌이켜보면 최소 1억 5,000만원은 있어야 창업이 가능하다고 말하던 그때가 한없이 부끄럽다. 물론 그런 과정에서 필자도 성장한 것이니 과거는 과거일 뿐이다.

당시 자본이 적은 창업자를 거절했던 까닭은 바로 확실한 무기를 만들 자신이 없어서였다. 경쟁력 있는 식당을 차려줄 재주가 없다 보니 그나마 버팀목으로 의지할 수 있는 것이 바로 입지였다. 지하철역과 조금이라도 가깝고, 아파트 세대 수가 많은 쪽 자리를 구하려면 결국 높은 권리금이 필요했다. 유동량이 많은 장소에서 차리려면 당연히 높은 월세와 권리금을 감당해야만 했다. 그래서 필자가 과거에 출간한 책을 보면 입지를 선택하는 요령에 대해 꽤나 자세하게 설명했었다. '포장마차 주변을 찾아라(소비가 이뤄진다)' '약국 주변을 찾아라' '옷가게 근처를 가라' '빵집이 여럿 있으면 좋은 자리다' 등등의 이유를 들며 그나마 권리금을 줄여서 좋은 자리를 찾는 법을 설명했었다.

그리고 유동량이 많은데 상사가 잘되지 않거나 주변에 식당이 많은데 유독 안 되는 결과를 점주들이 보일 때면 핑계거리가 생긴다. 이런 자리에서도 장사를 못하는 것은 본인의 능력 탓이라고 피할 수 있는 것이다. 그래서 높은 권리금을 지불하고라도 일단 기본은 해낼 수 있는 자리를 권하는 것이 그 이유라고 볼 수 있다.

창업의 핵심은 비용을 줄이는 것이다

● 컨설턴트에게는 비용 절감을 해주는 것이 최고의 책임이다. 프랜차이즈를 선택하는 사람들의 목적은 그래도 최소한 실패를 면하기 위

해서이다. 그러나 그런 이유로 접근한 순수한 창업자에게 안전을 이유로 비싼 권리금을 줘야 하는 자리를 권하는 것은 자기 실력이, 자신이 가진 상품성이 별로 없다는 것을 인정하는 것이다. 그걸 창업자가 모르고 동조하는 것이고, 그걸 자연스럽게 분위기를 만들어 돈을 더 쓰도록 종용하는 것이다.

창업에서 이기는 가장 확실한 방법은 창업비용을 줄이는 일이다. 초기 비용을 적게 써야 운전자금이 많이 생긴다. 장사라는 싸움은 긴 싸움이다. 손님이 와주는 데까지 걸리는 시간이 적지 않다. 결국 실탄이 많은 사람은 끝내 일어서고, 권리금에 비싸게 투자하느라 실탄이 간당간당한 사람은 쉽게 쓰러지고 마는 것이다.

절대 권리금이 많은 자리를 선택하지 말자. 얼마든지 이길 수 있는 자리는 지천으로 깔렸다.

컨설턴트의 비밀노트

이경태의 상권수첩 창업전문가가 보고 배우는 맛있는 창업 / 체인본사가 보고 카피하는 맛있는 창업

| 목록 | 스크랩 | ◀이전글 다음글▶

주택시장도 찾는다

가정 주택을 얻어서 식당으로 꾸미는 것도 소자본일 때 도움이 됩니다.
여러 가지 장점이 있습니다.
주택은 월세가 쌉니다. 상가 월세와 비교가 곤란해서 대체로 집 월세 받던 수준을
기준합니다. 물론 건대나 홍대처럼 주택 자체가 상권으로 뻗어가는 곳은
주인들이 닳고 닳아서 예외입니다.
주택은 원래 건드리지 않고 그 자체로 써먹는 것이 효율적입니다.
그래야 돈이 덜 듭니다.
도배와 장판 만의 투자로 접근하는 것이 원래 주택식당의 목적입니다.

주택식당은 메뉴에서 자유롭습니다.
뭘 하든 그건 그다지 중요하지 않습니다.
동태탕을 해도 그만이고, 닭도리탕을 해도 좋습니다.
돈가스라고 어울리지 않을까요? 칼국수도 좋고, 리면 한 그릇도 좋습니다.
심지어 짬뽕도 주택식당에서 먹으면 남다른 맛일 겁니다.

주택식당의 가장 큰 강점은 '훔쳐보기를 당하다'입니다.
남의 집은 어떻게 생겼나? 방 크기는, 마루는, 화장실은..... 어떻게 생겼나를
훔쳐보는 겁니다.

맛창에도 주택식당이 여럿 있습니다.
행당동 만두전빵 / 미아리 동태한그릇 / 가장 멋졌던 곳은 역시 '어락재'구요^^

식당의 정성

003
대형식당과 싸우다 쪽박찬다

왜 공룡과 싸우려고 뛰어 드는가?

● 시내, 도심, 역세권, 번화가에서 창업하는 것은 자금이 허락된다면 좋은 일이다. 많은 권리금을 낼 여유가 있고, 비싼 월세를 주고도 남는다면 멀리 나가는 것보다 가까운 번화가에서 장사를 하는 게 나쁠 리 없다.

그런데 문제가 있다. 그런 자리를 나만 좋아하는 것이 아니라는 점이다. 모두가 그런 자리를 좋아한다. 유동량에 눈이 휘둥그레 해져서 너도나도 뛰어드는 것이다. 아파트 세대 수가 많으면 상주인구가 많으니 불나방처럼 뛰어들고, 아직도 여의도·마포·강남과 같은 오피스지역은 천정부지의 권리금과 월세여도 창업자가 끊이질 않는다. 경쟁자가 많으니 월세는 내려올 줄 모르고, 경쟁자가 눈독을 들이니 권리금을 깎기는커녕 조금이라도 더 주고 얻겠다고 난리다.

진짜 문제는 공룡의 등장이다. 수억원의 권리금을 주었다고 가게가 크지는 않다. 월세가 수천만원이라고 식당의 크기가 수천 평이 되는 것도 아니다. 산본 2층의 가게가 70평이지만 권리금은 2억원이다. 강남역 2층의 가게가 100평이지만 월세는 2천만원이다. 둘 다 크기로 따져봐야 겨우 100평 이하짜리다. 그런데 대기업이 뛰어든 한식뷔페를 가보자. 기본이 수백 평이다. 거기에 음식 값도 싸다. 눈치 보지 않고 아무리 먹어도 1만원대 초반의 값이다. 삼선짬뽕 2그릇 값이면 쾌적한 초대형 식당에서, 누구나 아는 브랜드의 음식을 원 없이 먹을 수 있다. 주차장도 훌륭하고, 직원들의 서비스도 남다르다. 그런데 값은 겨우 1만원대 초반이다. 이런 식당과 100평 미만 식당인 당신이 싸워서 진짜 이길 수 있는가?

이것만 있을까? 수천 평에 딜하는 초대형 쇼핑몰에 한 개 층이 식당이다. 백화점도 마찬가지다. 이제는 백화점도 먹거리를 앞세워 손님을 유인하느라 수천 평을 식당에 할애하고, 그것부터 공을 들여 세팅한다. 또 각 지역의 명물 식당을 초빙해서 손님들에게 맛 이상의 만족감을 느끼게 하고 있다.

이렇게 수천 평 식당과 권리금을 수억원이나 투자했지만 100평짜리 식당이 싸우면 싸움이 될까? 이렇게 수천 평 쇼핑몰과 백화점까지 등에 업은 식당과 월세 2천만원짜리 내 식당이 경쟁이 될까?

경쟁이 되는
싸움을 하라

● 우습게도 허름한 식당은 경쟁이 된다. 뒷길에서 드럼통에 돼지갈비 구워먹는 집들은 초대형 현대식 식당과의 싸움에서도 별로 밀리지 않는다.

돈 많다고 자랑할 거 없다. 아무리 돈 많아도 아파트 한 줄 살 돈은 있을 리 만무하다. 대기업에서는 수백억을 저리로 쉽게 대출받지만, 당신이 아무리 돈이 많아도 수억 대출을 받자면 여간 힘든 일이 아닐 것이다.

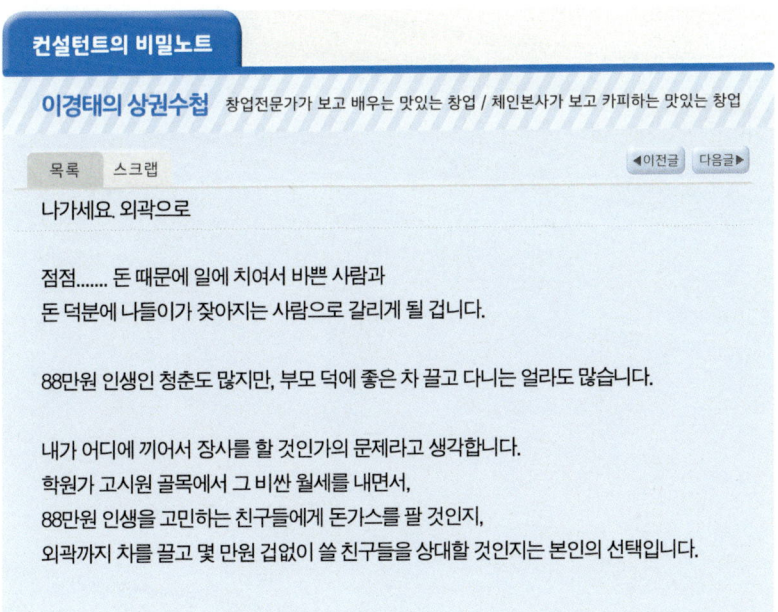

학원가 골목에서 월세 5~600만원을 내면서 3~4천원짜리 돈가스 3~400개를 파나
경기도 저수지 근처 국도변에서 월세 200만원을 내면서 1만원짜리 돈까스 100개를 파나
그건 본인의 선택입니다.

학원가는 권리금 엄청 주어야 합니다.
국도변은 권리금 대신 인테리어에 펑펑(좀 뻥이죠? ㅎㅎ) 쓰면 됩니다.

학원가는 월세도 비쌉니다. ○○초밥이 처음에 500만원대였는데, 작년에는 800만원대로 알고 있습니다. 20평에. 국도변은 월세 200만원 내외에서 가능합니다. 조립식 건물로 지은 단층 상가들 그 정도 수준입니다.

학원가는 싸구려 장사해야 합니다.
국도변은 시간은 걸리지만, 당당한 장사 가능합니다.

학원가는 금새 입소문이 납니다. 흥하는 것도 망하는 것도..
국도변도 상차림에 따라 입소문 속도는 달라집니다.
(국도는 아니지만) '달콤○○' 이 방송에 나오는데 한 달 걸렸습니다.

나가세요. 밖으로…… 제발요..

식당의 정석

004
건물주를 위한 장사를 하지 마라

왜 월세 노예의 삶을 스스로 선택할까?

● 한 쇼핑몰 내 식당에서 부대찌개집을 운영하는 A씨의 임대료는 월 3천만원이다. 가게는 30평 정도에 불과하다. 평수에 비하면 상상도 안가는 높은 월세다. 그러나 A씨는 월세가 대수롭지 않다. 워낙 유명한 쇼핑몰이다 보니 손님이 하루 종일 끊이지 않는다. 30평짜리 식당에서 평일·주말을 구분한 알바까지 포함해서 대략 25명이 일을 한다. 그리고 월 매출은 2억을 찍는다. 많은 급여와 월세 3천만원을 주고도 수천만원을 벌어가니 외려 남는 장사다. 잘한 선택이다.

그러나 문제는 이렇게 손님을 끌어와 주는 대가로 내는 월세가 아니라, 경쟁자들의 난립으로 과하게 거품이 낀 월세를 지불할 때가 문제다. 10평짜리에 월세가 300만원인 가게가 이제는 흔하다. 20평짜리 초밥집이 월세 800만원을 내기도 한다.

물론 자리가 형편 없지는 않다. 유동량도 있고, 상권의 크기도 크다. 대신 그만큼 상가의 수도 많고, 경쟁도 치열하다. 높은 월세를 냈으면 상권을 방어하고 보호하는 기능이 필요한데, 상가는 난립되어 손님의 수보다 식당의 수가 더 많은 지경이다. 그러다 보니 생각했던 매출은 나오지 않는다. 매출이 적다고 임대차계약서를 다시 쓸 수도 없다. 중요한 것은 건물주는 임차인의 매출에는 관심이 없다는 것이다. 장사가 힘들어도 약속한 월세를 받아야 한다.

장밋빛 꿈을 꾸고 차린 식당이니까 높은 월세도 감당할 자신이 있었다. 이렇게 많은 사람들이 지나다니는데 설마 그 월세를 내지 못할 정도로 절망적인 매출일거라고는 눈곱만큼도 생각지 않았다. 그러나 현실은 지옥이 되어 버렸다. 300만원쯤이야 하고 시작한 월세가 발목을 잡는다. 벌어서 가져갈 생각보다는 벌어서 월세를 감당해야 할 걱정이 앞선다. 그러니 어떡하든 원가를 줄이게 되고 아끼게 된다. 좋지 않은 재료를 선택하게 되고, 경험자보다는 초보자를 써서 인건비도 줄이려고 한다.

바로 악순환의 늪에 빠지는 것이다. 월세를 맞추기 위한 장사를 하는 것이다. 월세를 감당해야 하는 노예살이가 시작된 것이다. 스스로 결정한 사서 하는 고생길이다. 그래서 안타깝다. 왜 비싼 월세를 만만하게 보는지 안타깝다.

부산에서 겪었던 일이다. 100평짜리 파스타집의 월세가 2천만원이었다. 그것도 2층에서! 장사를 하면 손실이 2,500만원이고 장사를 하지 않으면 월세 2천만원에 관리비 정도면 되었다. 장사를 하려고 문을 열면 더 손해나는 구조였다. 그만큼 장사가 안 되었던 것이다. 그래서 도움을 요청한 주인에게 필자는 영혼없는 목소리로 답을 했다. "그냥 던지세요. 안 되는 게임을 뒤엎자고 욕심내다 건강까지 잃으세요."

컨설턴트의 비밀노트

이경태의 상권수첩 창업전문가가 보고 배우는 맛있는 창업 / 체인본사가 보고 카피하는 맛있는 창업

목록 스크랩 ◀이전글 다음글▶

월세와 가격

월세가 싸면...... 또 다른 경우의 수를 만들 수도 있습니다.
간판과 실제 팔리는 메뉴를 달리해서 팔 수도 있습니다.
이때는....... 사고가 자유로와야 합니다.

간판은 싼 월세에 맞춰서 단품으로 유인합니다.
실상은 그것만 온리원해서 팔아도 좋으니까요.
짬뽕 하나만으로도 승부해도 됩니다. 다른 건 팔지 않고 오직 짬뽕만......

그런데...... 한 번 더 꼽니다.
싼 가든 월세를 이용해서 나만의 비틀기를 모색합니다.
유인은 짬뽕으로 하고서 가성비의 완성은 탕수육에서 보여주는 겁니다.
(양장피여도 좋고, 유산슬도 좋습니다. 무조건 어떤 요리면 됩니다)

비싸지 않은 메뉴가 노출된 간판을 보고서,
그것만 먹는데.......
생각지 못했던 요리가 눈앞에 어른거리는데, 메뉴판을 보니 자신감이 듬뿍합니다.
(그때 누군가가 그걸 먹어주면 확실할 테구요)

그래서 그걸 시킵니다.
그런데 짬뽕만큼이나 거기서도 만족이 됩니다.
그렇게 푸는 겁니다. 싼 월세를 그렇게 유용하게 써먹는 겁니다.

005
가든형만 살아남는다

동네 바깥으로
눈을 돌려라

● 단언하건대 앞으로는 나가서 창업을 해야 살아남는다. 먼 외곽으로 가라는 것이 아니다. 동네라도 동네 안보다는 동네 바깥으로 가라는 것이다. 그래야만 살아남을 수 있다.

이미 곳곳에서 젠트리피케이션 현상이 벌어지고 있다. 예술가와 작은 상점들이 모여서 시선을 끄는 상권을 만드니까 손님들이 모이고, 손님이 많아져서 장사가 좀 된다 싶으니까 월세가 오르고, 그 월세는 감당키 어려울 정도로 올라 상권을 만들고 키운 주인공은 떠나고, 거기에 어디서나 볼 수 있는 대기업 매장만 입점되어 상권의 색깔이 없어졌다는 기사를 최근 많이 보았을 것이다. 게다가 더 나아가 대기업도 입점하기 어려운 높은 월세 때문에 죽어버린 상권이 되어 대한민국 대표 상권에서 비어있는 가게가 점점 늘어난다는 기사도 봤을 것이다.

악순환의 끝은 반드시 이렇게 된다. 하나의 식당이 악순환을 반복하면 그 식당은 폐업의 종말을 맞이하게 되고, 상권 자체가 악순환의 늪에서 헤어나오지 못하면 지역 전체가 슬럼화되어 버린다.

외곽으로 나가야 하는 이유

● 나가야 하는 이유는 너무나도 많다.

첫째는 역시 낮은 투자비용이다. 외곽에 있는 상가는 찾는 이들이 많지 않기 때문에 하겠다는 사람만 나타나도 건물주는 고맙다. 그래서 월세가 비쌀 리 없다. 100만원이 안 되는 월세도 흔하고, 비싸다고 해야 200~300만원을 상회할 뿐이다. 물론 식당의 규모도 40~50평은 기본이다. 도심의 10평짜리 300만원과는 차원이 다르다.

둘째 권리금이 없다. 비어 있는 상가라면 당연히 권리금이 없고, 누군가 장사를 했다고 해도 매물로 나올 정도라면 장사가 힘겨웠을 것이다. 당연히 권리금은 없거나 아주 낮다.

셋째 경쟁자가 없다. 상가 자체가 적으니 경쟁자도 적다. 있다고 해도 중복된 메뉴로 골머리를 앓을 이유도 없고, 같은 고객을 가지고 싸울 필요도 없다. 때문에 저마다의 특기로 식당을 차리기 쉽다. 상권이 클수록 경쟁자가 더 많다는 그 기본적인 상식을 이해 못하는 사람들은 적막한 외곽 상가에서 뭘 해서 먹고 살아야 할지 막막할 뿐이니 경쟁자가 생기는 데도 당연히 더디다.

넷째 주차장이 든든하다. 필자도 언젠가부터 마트를 갈 때 차를 가져가는 일이 많아졌다. 멀지 않은 거리지만 장을 봐올 생각을 하면 차량 이동이 편하다. 거기서 길들여진 탓일까? 걸어서 갈만한 식당보다는 10분이라도 차를 타고 가서 먹는 식당이 더 편하다. 걸어서 당도할 수 있는 거리의 식당은 다 섭렵했으니 차를 타고 10분, 20분 새로운 식당을 발굴하는 재미도 먹는 재미만큼 쏠쏠하다. 외곽 식당에는 반드시 주차장이 있다. 주차장이 없는 외곽 식당은 지옥이지만, 주차장만 있다면 손님은 반드시 온다.

다섯째 인정받기가 쉽다. 전투적으로 장사하지 않아도 손님에게 인정받기가 쉽다. 여행을 떠나면 사람들은 대개 여유로워진다. 가이드라는 직업은 매일매일이 행복한 사람들을 만나는 일이라서 너무 좋다고 한 어느 여행 가이드의 말이 인상적이었다. 쫓겨 먹는 식사가 아니라 시간의 여유를 즐기는 사람들이 찾는 외곽 식당은 손님도 전투적이지 않다. 긍정이 더 많고 좋은 기대감을 더 갖는다. 거기에 부합만 하면 된다. 경쟁자와 손님 뺏기 싸움도 아니니 내가 해야 할 일만 잘해도 평점 이상의 점수를 얻을 수 있다. 손님은 제 주머니를 쓰기 때문에 까칠하지만 나가서 먹는 식도락에서까지 매정하지는 않다. 기본적으로 좋은 나들이 손님을 받는 식당, 바로 여행 가이드와 다를 바 없다.

물론 단점도 있다. 장점만큼 무서운 단점도 있다. 그러나 그 단점은 이 책을 덮을 때쯤이면 별것 아닌 걸림돌로 이해될 것이다.

컨설턴트의 비밀노트

이경태의 상권수첩 창업전문가가 보고 배우는 맛있는 창업 / 체인본사가 보고 카피하는 맛있는 창업

| 목록 | 스크랩 | ◀이전글 다음글▶

가든 보는 지름길

자전거를 즐겨 타는 사람들에게 물어봅니다.

자전거를 타고 가다 쉬어가는 코스, 휴식하는 장소, 밥 챙겨먹는 장소가 어딘지를 물어봅니다.

차량만 가는 가든만 있는 것이 아닙니다.
자전거, 오토바이가 가는 가든도 있습니다.
그 사람들이 입소문을 내면..... 일반인도 궁금해 찾아갑니다.

행주산성 국수집이 바로 그런 예입니다.
한강을 탈진하도록 달려서 간 행주산성에서의 국수는.

발로 만들어도 맛있습니다.
허기엔 뭘 먹어도 최고의 맛!입니다.

006
권리금을 줄이면 운전자금이 생긴다

권리금을 줄여 시설에 투자하라

● 반복하지만 살아남기 위해서는 실탄이 많을수록 좋다. 그 실탄을 제한된 내 자본금에서 살리는 방법 중 첫째가 권리금에 낭비하지 않는 것이다. 바깥으로 나가면 권리금을 달라지 않는다. 주지 않고도 고를 수 있다.

권리금을 쓰지 않았으니 그 돈으로 무엇을 하면 좋을까? 바로 시설이다. 시설에 좀 더 투자를 할 수 있다. 기왕이면 다홍치마라고 손님도 예쁜 식당에서 밥 먹는 게 좋고, 좋은 그릇으로 식사하는 것이 즐겁다. 작정하고 나선 나들이길 식사라고 허름해도 용서되는 건 아니다. 그래서 시설에 우선적으로 투자를 하는 것이 올바른 길이다. 최소 수년 동안은 그 시설로 손님에게 보답해야 한다. 또는 멋진 시설 때문에 오도록 할 수도 있는 것이다. 특이한 인테리어, 상당한 수준의 인테리어가 입소문의 원천이 되기도 하는 건 경험상 잘 알고 있다.

권리금을 줄이면
운전자금이 남는다

● 가든형 창업에서 가장 우려되고 염려되는 걱정은 '손님이 언제쯤 알아줄까?'이다. 도심은 차리는 순간 안다. 오며가며 알아챈다. 물론 오픈했다는 것을 안다고 무조건 방문하는 건 아니지만, 그래도 외곽에서 뭐가 생겼는지와 비교할 때 압도적으로 도심 창업은 노출의 효과가 큰 것이 사실이다. 부인하지 않는다.

나가서 식당을 차리면 손님들이 인지하기까지 시간이 걸린다. 필자의 경험상 아무리 빨라도 서너 달은 걸린다. 긴 경우에는 1년 반을 고전하는 경우도 봤다. 분명히 차량 왕래가 많은 핵심 도로에 있는 식당이었는데도 1년이 넘게 손님들이 찾지 않았었다. 물론 지금은 월매출 1억원을 넘기는 식당이 되었지만 말이다.

창업비용을 줄였다면 당연히 운전자금이라는 실탄이 생긴다. 주머니가 든든해야 배짱도 생기는 법이다. 곳간에 쌀이 있어야 인심도 부리는 법이다. 간단하게 생각하자. 창업비용에서 실탄은 매우 중요한 요소라는 점이다. 차리자마자 되는 식당은 로또다. 없는 건 아니지만, 당신이 그 상황의 주인공이 될 거라는 생각은 버리자. 한 예로 도심의 최대 번화가 길가에 차린 식당도, 그 좋은 자리에서 매달 적자를 1천만원씩 봤다. 당시 주인은 그때처럼 피 말리지 않기 위해서라도 이젠

나가서 여유를 가진(실탄을 준비한) 창업을 하겠다고 한다.

6개월은 순익이 나지 않을 거라는 마음으로 차리자. 권리금을 많이 주는 자리도 그럴 거라고 생각해 보자. 과연 그 자리를 그만큼의 돈을 주고 들어가는 것이 현명한지 깨닫게 될 것이다.

컨설턴트의 비밀노트

이경태의 상권수첩 창업전문가가 보고 배우는 맛있는 창업 / 체인본사가 보고 카피하는 맛있는 창업

목록 스크랩   ◀이전글 다음글▶

권리금과 실탄

창업에서 이기는 가장 확실한 방법은 창업비용을 줄이는 일이다.
비용을 적게 써야 운전자금이 많이 생긴다.
장사라는 싸움은 긴 싸움이다. 손님이 와주는 데까지 걸리는 시간이 적지 않다.
그때 실탄이 많은 사람은 끝내 일어서고,
권리금에 비싸게 투자하느라 실탄이 간당간당한 사람은 쉽게 쓰러지고 마는 것이다.

절대 권리금이 많은 자리를 선택하지 말자.
얼마든지 이길 수 있는 자리는 지천으로 깔렸다.

실탄이 넉넉하면 하루가 급하지 않다.
적은 수의 손님이라도 정성을 다하고, 감사를 느낄 수 있다.
아직 나에겐 12척의 배가 있기 때문이다. ㅎㅎ

맛창 역시 수년 전까지는 창업자금의 마지노선은 1억 5천이었다.
그 돈에서 절반은 권리금을 주는 자리를 택하고 사용했었다.
지금은 1~1.2억원이면 충분하다. 나머지 3~5천만원은 넉넉한 운전자금이다. 실탄이다.
그러니 급하지가 않다. 단단하게 시간과 싸워갈 수 있다.

식당의 정석

007
진짜 손님은 찾아가는 식당을 즐긴다

"매일매일 때워야 하는 식사에 얼마를 지출하는가?"

"그저 의무감으로 먹는 회사 앞 식당에서 얼마를 쓰고 싶은가?"

그리고 반대로 물어보자.

"모처럼의 시간 여유로 긴 점심시간이 생겼다면 어디를 가겠는가?"

"사랑하는 가족·친구와 함께하는 긴 점심에 얼마를 쓸 수 있겠는가?"

오늘도 회사 근처에서 선택하는 식사(선택권이 있는 것 같지만 사실은 없음. 무조건 그 안에서 해결해야 함)와 오늘만큼은 새로운 곳으로 찾아가는 식사는 분명히 다르다.

이렇게 선명한 길이 있는데 모두가 한 곳을 본다. 가까운 곳만 본다. 그게 쉽다고 생각하기 때문이다. 돈을 벌려고 시작한 식당에 돈(권리금, 월세)부터 쓰고 본다. 그래서 안타깝다.

시간이 촉박하다면 모르지만, 짬이 난다면 나가고 싶은 것이 사람 마음이다. 찾아가는 즐거움은 여행에서 짐을 싸는 즐거움과 다르지 않다. 그 즐거움을 주는 식당을 하자고 하는 게 나쁜 소리일까? 안전빵(그렇다고 착각하는) 하나를 위해서 피땀으로 번 돈을 권리금이라는 대가로 지불해야 할까?

오늘도 난 여기서, 이 울타리 안에서 식사를 한다는 손님들의 얼굴보다 드디어 나와서 이 멋진 풍광에서 한 끼를 먹는구나의 손님들 얼굴을 떠올려보자. 나가보면 어디서 그 많은 사람들이 왔는지 회사 앞 대형 식당보다 더 많은 먼저 온 손님을 발견하곤 한다. 그게 지금, 아니 앞으로 점점 그리 되어질 식당의 방향이다. 당신만 번잡한 도심에서 시작해야 살아남는다고 믿을 뿐이다.

컨설턴트의 비밀노트

이경태의 상권수첩 창업전문가가 보고 배우는 맛있는 창업 / 체인본사가 보고 카피하는 맛있는 창업

목록 스크랩 ◀이전글 다음글▶

상권은 없다

찾아오게 만들지 않으면, 상권은 없다.
상권이 없으면 장사도 없다.

그거 하나 잘하는 집이면 찾아서 갑니다.
그저 그런 식당은 주변에 흔합니다.
흔한 식당은 아무때나 그냥 가면 됩니다.

흔하지 않은 식당은... 작정해서 가야 합니다.

그런데 웃깁니다.

작정해서 온 사람들이 이렇게나......... 많습니다.
상권의 경계가 도통 통하지 않는 겁니다.

작정해서 가려면, 정말 그거 하나 잘하는 집!이어야 합니다.
그거 하나만 무조건 하는 집!
그래서 맛있다고 스스로 세뇌하는 집......이어야 합니다.

그런데 거기까지 가는 게 역시 어렵습니다.
대부분은 다 포기합니다. 돈이 없어서, 끝이 안보여서 등등으로 포기합니다.

포기하지 않고, **온리원을 버텨낸 식당이 결국 그 열매를 혼자 따먹습니다.**

식당의 정석

008
잘 나가는 맛창 식당 case 1

역곡 <동태한그릇>
2,000만원 빌려서 하루 200만원 파는 식당

● 20여 년간 컨설팅을 해오면서 만난 의뢰인 중에서 주인이 아닌, 직원이 컨설팅을 요청한 적이 딱 2번 있다. 한 번은 현재 대구에서 <남자의 부엌>을 운영하는 김대웅 사장이고, 또 한 번은 지금 소개할 역곡 <동태한그릇>의 변광섭 사장이다. 둘의 나이가 같다는 점도 우연치고는 재미나다.

변 사장을 처음 만난 곳은 영통의 작은 식당이었다. 30평 남짓한 식당의 매출이 몇 년이 되어도 하루 30만원을 넘지 못하자 자영업 컨설팅(본인 부담은 소액이고, 나라에서 나머지를 내준다)을 여러 번 시도한 끝에 결국 자영업 컨설팅이 아닌 일반 컨설팅(나라의 지원금이 없는)으로 필자에게 클리닉을 의뢰했었다. 그런데 알고 보니 점주가 아니라 당시 직원이었던 변 사장이 간곡히 요청한 것이라는 것은 나중에 알았다. 컨설팅 내용이 중요한 것이 아니니 당시의 일은 줄이겠다.

역곡에서 수원의 식당까지 왕복 4시간을 무려 4년이나 출퇴근한 변 사장은 드디어 자본을 마련해서 필자에게 정식으로 식당을 차려달라고 요청했다. 그때 자본금이 5천만원이었다.

생각해 보자. 5천만원으로 식당을 차린다는 것이 가능한 일인가? 솔직히 불가능하다. 최소 7~8천만원은 되어야지 5천만원은 진짜 감당키 어려운 작은 액수였다. 다행히 필자가 운영하는 연구소의 회원들은 십시일반 품앗이를 한다. 혼자서는 큰돈이지만 여럿이 나누면 가벼운 것이 바로 품앗이 아니던가? 1인당 100만원씩 20명이 모여서 2천만원을 만들었으니 총자본은 7천만원이 되었다.

늘상 도심을 벗어난 자리여야 한다는 필자의 뜻에 충실한 변 사장은 자기가 사는 역곡을 이 잡듯 뒤졌다. 역곡이라는 동네는 역곡역을 중심으로 역곡시장이 가장 메인길이다. 서울이 아님에도 권리금은 1억원을 호가하고, 월세도 대로변 상가는 수백만원을 쉽게 부르는 곳이다. 그리고 이 지역 역시 이미 다수의 상가들로 포화상태였다. 자본도 없는 사람이 그런 자본가들과 싸워서 이긴다는 것은 지나친 욕심이다. 무조건 피해야 한다. 나가서 차려야 하는 이유가 사실은 자본가와 싸우지 않기 위해서이기도 한 것이다. 돈이 많은 사람들, 공룡식당은 절대 한적한 곳에 차리지 않는다. 그들은 부동산 가치까지 생각해서 식당을 차리기 때문에 부동산 가치가 떨어지는 외진 곳은 공략 대상이 아니다.

역곡에서 멀지 않은, 그러나 역곡 상권이라고는 도저히 볼 수 없는 지금의 자리 근처에 매물이 하나 있었다. 접근성도 좋고, 무엇보다 가게가 눈에 잘 보이는 길가에 있어서 안성맞춤이었다. 짬뽕을 팔던 집이었는데 권리금이 아주 쌌다. 얼마나 장사가 안 되길래 내놨나 싶어 직접 식사를 하면서 둘러봤는데 의외로 손님이 있었다. 그래서 아마 권리금 착오가 있는 듯하여 알아보라 했더니 역시나 부동산에서 엉뚱하게 듣고 뱉은 액수였다. 그 권리금을 주면 보증금도 모자랄 판이니 아쉽지만(당연한 것도 들은 것을 기준하면 이렇게 아쉬워진다) 포기하고, 대신 그 근처의 식당을 집중적으로 다시 알아봤다.

그래서 다시 찾아낸 곳이 지금의 자리다. 추어탕집을 하고 있었는데 직원도 없이 아주머니 혼자서 가게를 운영했다. 분명히 그만큼으

로 가능한 매출을 올리는 자리인 것이다. 사람이 필요치 않을 정도로 매출이 뻔한, 손님도 없는 식당이었다. 그리고 주차장 때문에 건물이 안쪽으로 들어가 있고, 3층 상가주택이어서 식당보다는 주택의 느낌이 너무 들어서 처음엔 주저했다.

하지만 반지하에는 15개의 테이블, 그리고 사실상 1.5층인 1층에는 10개의 테이블이 있는 식당의 권리금이 2천만원이었다. 월세도 역곡 중심에 비하면 헐했다.

두려움도 있었지만 품앗이한 돈까지 합쳐서 7천만원에서는 다른 대안이 없었다. 그래서 계약을 결정하고, 가진 돈의 지출순서를 잡았다. 인테리어를 할 여력도 없었고, 인테리어를 한다고 해도 근사해질 형태도 아니어서 너무 난감했다. 그래서 나름 틀에 박히지 않는 인테리어를 전문으로 하는 분에게 2천만원을 쥐어주면서 "골고루 쓰지 마시고, 이게 식당이라는 느낌이 들도록 한 쪽에 확 표가 나게 시공해주세요"라고 부탁을 했다.

역시 자유로운 영혼은 뭐가 달라도 달랐다. 누가 감히 그런 발상을 했을까? 1층부터 3층까지의 주택면을 방부목으로 다 가려버린 것이다. 집이라고 뻔히 보이는 것을 가리니, 단번에 눈에 띄는 건물이 되었다. 큰 나무판을 도화지 삼아 멋진 문구로 간판을 부착하니, 오히려 가

장 눈에 띄는 식당이 되어버렸다. 독이 약이 된 것이다. 역시 발칙한 상상력은 가슴을 뜨겁게 한다. 풀지 못하는 문제거리는 없다는 것을 확인한 순간이었다.

그렇게 2천만원의 권리금과 2천만원의 인테리어 비용을 들여서 7천만원으로 식당을 만들 수 있었다. 그 식당은 현재 6천만원이 넘는 월 매출을 올리는 역곡 1등 식당, 역곡에서 가장 유명한 식당이 되었다. 심지어 지하에 있는 15개 테이블은 오픈 후 단 한 번도 사용한 적이 없다. 대기공간으로도 써먹지 않았다. 오직 1.5층인 20평 공간에서 테이블 10개를 가지고 메뉴도 서민적인 동태탕 한 그릇을 가지고 하루 200만원의 매출을 올리고 있다.

지금은 모든 사람들이 지나가면서 이렇게 좋은 자리를 어떻게 구했냐고 묻는다. 그러면 변 사장과 필자는 웃는다. 그 자리에서 식당을 했던 모든 분들이 쓴맛을 보고 손을 털어야 했던 바로 그곳임을 알기 때문이다.

컨설턴트의 비밀노트

이경태의 상권수첩 창업전문가가 보고 배우는 맛있는 창업 / 체인본사가 보고 카피하는 맛있는 창업

목록 스크랩   ◀이전글 다음글▶

시인성의 틀 깨기

가게는 전면이 넓어 보이게 인테리어를 하는 것이 좋습니다.
그래서 요즘은 파사드(간판을 포함한 외부 전체)를 신경 써서 합니다.
가게를 넓게 보이게 하려고, 접이식 폴딩도어를 비싼 돈을 주고 설치도 합니다.
작은 칸 유리를 떼어내고, 통유리 한 장으로 하기도 합니다.

자.... 거꾸로 가는 것도 방법입니다.
제 아이디어는 아니었습니다.
빠샤의 식당을 시공한 원 실장님이라는 분의 아이디어였습니다.

비싼 돈을 들이지 않고(다른 시공방법에 비해 적게 들어간다는 말이죠)
전면을 넓게 보이는 방법! 다른 집에 비해 눈에 들어오게 하는 방법!
그냥 전체를 방부목으로 감싸는 겁니다.
그렇게 해서, **큰 도화지를 만들어내는 겁니다.**
(도화지가 크니 좌측의 동태한그릇처럼 글자도 커질 수 있습니다)

배웠으니, 한 번은 써먹어야죠............ ^^
(이 시공의 핵심은 큰 면을 적은 돈으로 해결하는 것입니다)

이 상부도 방부목으로 쌉니다.

기존 방부목 시공한 건
그대로 놔두고 해도 좋음.
전체적으로 오일스텐을
다 바르면 비슷하게 보입니다.

떼어냄

이 유리까지
방부목으로 가립니다.

기존 출입구와 창문 공간만 남기고
다 방부목으로 싸지는 겁니다.
그래야 시선을 확 끌 수 있습니다.

아래의 삼척수제비가 위 대우식당의 바뀐 얼굴입니다.

식당의 정석

009
잘 나가는 맛집 식당 case 2

양평 <양수리한옥집>
권리금 0원으로 명품 한옥식당을!

● 일산에서 아구찜을 하던 오경섭 사장을 만났다. 매출이 나쁜 것은 아닌데 주차장 때문에 골머리라면서 클리닉을 받는 게 좋을지, 가게를 팔고 새로 시작하는 게 좋은지를 물었다. 해당 자리는 걸어서는 접근이 곤란한 자리여서 당연히 주차장은 필수조건인 자리였다. 그런데 주차장이 너무 적고, 또 건물주 사정으로 인해 그나마 있던 주차장도 못쓸 형편이 되었다면 당연히 매각이 정답이다.

사려가 깊고 정이 많으신 분이어서 헐값에 준하는 값에 가게를 넘기고 가게 발굴에 전념했다. 역시나 필자의 요청대로 가든형 자리를 보러 다녔다. 그리고 일산에서 몇 개의 가게를 봤다고 연락을 주었는데 '가든 = 권리금 적거나 없을 것' 이라는 공식에 맞지 않았다. 그만큼 장사가 좀 되었거나 아니면 시설투자가 전혀 필요없을 만큼 좋아서인지도 모른다. 하지만 필자의 원칙에는 가든은 권리금이 없거나 적어

야 했다. 따라서 권리금이 있는 가게는 아예 보지를 않는다. 없거나 있더라도 아주 쌀 때만 본다. 혹자는 그만큼 자리가 가든을 차리기에 아주 안좋기 때문이라고 할지 모른다. 물론 그 말이 맞을 수 있다. 그러나 필자는 손님을 찾아오게 만드는 식당을 차리는 것이 컨설턴트의 소명이라는 생각에, 죽어버린 도로가 아닌 이상 자릿값 때문에 권리금이 있다고 항변하는 가든은 관심 밖이다.

　일산에서 본 권리금 7천만원짜리 가게는 가관이었다. 7천만원을 부르는 이유가 전혀 모호했다. 장사가 되는 것도 아니고(메뉴가 수십 개) 주차장이 넓은 것도 아니고(옆 식당들과 나눠 쓰는 공간이라 주차장이 협소) 인테리어를 손보지 않아도 되는 분위기도 아니었다(규모는 약 60평 정도 되는데, 다시 인테리어를 해야 할 상황이었고, 그렇다면 권리금 7천만원은커녕 무권리로 들어가도 그 돈은 시설비에 써야 할 상황이었다).

　결국 일산과 전혀 연관이 없는 남양주 양수리까지 가게를 보다가 지금의 자리를 찾아 필자에게 보여주었다. 보자마자 근사했다. 한옥집인 것이었다. 그것도 아주 윤이 반들거리는 멋진 한옥식당이었다. 특히나 주차장이 두 개나 되어서 얼마든지 나들이 차량을 받을 수 있었다. 한옥 내부도 적은 규모가 아닌 80여 평으로 넓었다. 이전 주인의 욕심 탓인지 테이블이 27개나 있었다(지금은 그 많은 테이블을 모두 치우고 15개만 사용하고 있다).

권리금은 2천만원이었다. 80평짜리 한옥식당의 권리금이 2천만원이라니…. 그것도 별채가 또 하나 덤인데 말이다. 권리금 2천만원은 중고품값이었다. 2천만원은 주방의 기물과 에어컨 값으로 부른 액수라 우리는 그걸 중고로 쓰기보다는 새로 설치하기로 하고, 중고값으로 달라는 권리금 없이(인수를 포기하면 전 세입자가 그걸 떼어가고 무권리 조건) 그 식당을 계약했다. 그러자 이전 주인은 철거까지 하느라 수고가 더 많았을 거다.

PART 1 : 월세 노예로 살지 마라. 가든형이 대세다

길가에 있는 한옥이지만 문제는 차량이 적게 다니는 길이라는 점이 걸렸다. 한옥이 있는 아랫길은 새로 난 길이라서 오래 전부터 있던 윗길에 비해 차량이 현저히 적게 다녔다. 그게 마음에 걸렸지만 그렇다고 전혀 차량이 다니지 않는 건 아닌지라 한 사람이 두 사람에게 알리고, 두 사람이 열 사람에게 퍼진다는 경험을 믿고 계약을 결심했다.

워낙 반듯하게 지었고, 건물주가 임차인보다 더 많은 관리를 한 식당인지라 인테리어 비용으로 겨우 500만원을 썼다. 넓은 홀을 구분하는 게이트 제작과 바닥이 파인 곳을 메꾸는 정도만 손을 봤다. 거기에 비어 있는 주방을 채우는데 2천만원, 간판에 1천만원, 에어컨 설치에 500만원을 썼다. 대부분은 가장 크게 지출해야 하는 것이 인테리어인데, 거기에 불과 500만원을 썼으니 총액은 보증금을 합해도, 컨설팅 비용을 합해도 9천만원이 되지 않았다. 당연히 실탄은 넉넉했다. 일산에서 본 권리금 7천만원 가든이라면(물론 될 확률은 2%도 안 되었지만) 최소 2억원은 필요했을 것이다. 그런데 권리금을 없애고, 시설비용까지 들지 않은 한옥이다 보니 반값도 충분했다. 이게 바로 가든 창업의 묘미다. 1억원이 안 되는 돈으로 80여 평의 넓은 식당을 얻고, 주차장도 단독으로 쓰는 여유를 누리게 된 것이다. 월세가 300만원이 넘지만 일산에서도 30평에 200만원을 줬었다. 주차장도 없이 남루한 건물에서 말이다.

한 번 지나치는 사람도 눈길이 가는 한옥식당. 돈을 들여 그렇게 건물을 짓는다면 엄청난 비용이 들었을 그 식당을 1억원도 안 되는 액수

로 임차를 한 것은 오 사장만의 행운은 아니다. 누구나 그럴 수 있다. 발 벗고 나가서 찾으면 가능하다. 가든이 섬처럼 외롭고 두렵다고 여기니 못 나갈 뿐이다. 거기까지 누가 찾아갈까 지레 겁을 내니 안보일 뿐이다.

실탄이 없으면 두렵기는 마찬가지다. 경쟁자가 차고 넘치는 도심이 오히려 더 실탄이 두둑해야 할지도 모른다. 지나다니는 그 수많은 사람들이 내 식당의 손님이라는 착각을 벗어던져야 한다. 들어오지 않으면 손님이 아니다. 그냥 지나가는 사람들이다.

너무 가까우면 오히려 보이지 않는다. 동네 길가에 생긴 김밥집을 1년 만에 들어가서는 "여기 언제 생겼어요?" 하고 묻는 사람이 바로 당신이었다. 멀리서 식당을 차린다고 겁내지 마라. 아무리 멀어도 손님은 찾아간다. 찾아갈 이유가 분명하다면 반드시 찾아간다. 그 이유를 만들어야 한다. 아무리 좋은 시내 자리를 찾아도, 아무리 근사한 가든 자리를 찾아도 찾아갈 이유가 없다면 그건 그야말로 모래성이다.

1장의 이야기를 마치면 이제 그 비밀을 하나씩 알게 될 것이다. 참, 오 사장에게서 카톡이 왔다.
"이 소장. 아무런 홍보도 하지 않은 한옥집이 궁금했는지 20일 만에 벌써 일 매출 100만원을 넘겼어"

컨설턴트의 비밀노트

이경태의 상권수첩 창업전문가가 보고 배우는 맛있는 창업 / 체인본사가 보고 카피하는 맛있는 창업

목록 스크랩   ◀이전글 다음글▶

한옥집 의견

1. 외부는 누가 봐도 들어가고 싶은 집으로 생겼습니다.
2. 내부 역시 굳이 손대지 않아도 될 정도로 잘 가꿔져 있습니다. 높은 천정도 마음에 듭니다.
3. 별관은 말 그대로 손님들 쉬기 딱 좋은 공간입니다. 차를 마시든, 주무시든…

나무는 베어내든가, 옮기든가 할 수 있습니다.
주차장은 근처 어지간한 식당에 비해서도 큰 편에 속합니다.
테이블은 막 덜어내도 18개나 나옵니다. (현재 26.5개)
그 정도면 휑하고 시원해 보일 겁니다.

대부분의 식당은 사실 손 볼 곳이 있습니다. 이 집은 거의 없다고 봐도 좋습니다.
제가 컨설팅하면서…….. 십수 년 동안 매물로 본 식당 중에서 가장 손 안대도 예쁜 집이라고
봐도 과언은 아닙니다. 인테리어팀은 일절 부르지 않아도 되는 집입니다.

문제는 월세입니다. 이게 200만원대면 고민이 없는데, 300만원이 넘어서 고민인 겁니다.
======? 매달 100만원씩 권리금조로 준다고 생각하면 사실, 아무것도 아닙니다.
그래야 2년에 2,400만원입니다.
(허름지고 지저분한 삼학산 그 가게도 7천만원을 불렀던 거를 생각하면야……..)

그리고 저는 완전 찬성입니다.
大자 65,000원 받고 원없이 푸짐하게 내주는 거는 완전 찬성입니다. ^^
진짜로 방송에 나갈 작정으로 제대로 주면(65,000원 받으면 줄 수 있습니다. 6,500원으로는
절대 못하지만) 남양주, 구리 아줌마들 찾아오게 하는 거 그다지 오래 걸리지 않을 겁니다.

이렇게 예쁜 한옥집에서
별채에서 수다를 떨어도 아무 말 안하는 집에서
오래 해서 맛내기도 검증된 그것을
가성비 빵빵하게 내줄 준비가 되었고
'맛창'이 특별한 포인트도 잡아낸다면
방송촬영……. 안하더라도………. 손님이 구전에 구전하지 않을까요?
(권리금 7천만원 달라던 삼학산 식당은………. 그냥 줘도 한숨입니다.
워낙 손 봐야 할 곳이 너무너무 많아서….)

65

PART 1 : 월세 노예로 살지 마라. 가든형이 대세다

식당의 정석

010
잘 나가는 맛창 식당 case 3

대전 <웃는곰갈비>
동네뒷길 월세 70만원, 매출은 월 4천만원!

● 앞서 설명한 역곡 <동태한그릇>은 주택가와 가까운 가든형이고, <양수리한옥집>은 주택가와는 무관한 전형적인 가든형 식당이다. 그에 반해 대전 원내동의 <웃는곰갈비>는 동네상권 끝에서 창업한 사례다.

그 어떤 동네도 동네 번화가가 있고, 외곽이 있다. 도심에 비할 바는 아니지만, 동네에서 요충지는 역시나 권리금이 수천만원이다. 거기에 월세는 때로는 도심과 비슷할 정도로 헉 소리가 나기도 한다.

이미 칼국수집을 하나 하고 있는 김원배 사장은 정말 적은 돈으로 식당을 하나 더 차려보고 싶었다. 그 돈으로 식당을 차릴 수 있나? 하는 내기라도 하듯이 도전했다. 동네 토박이인 김 사장은 동네에서 가장 외곽에 있는 상권을 주시했다. 그리고 거기서 꽤 오랫동안 공실로 비어있던 가게를 필자에게 타진했다. 역시나 상가주택의 1층, 30평짜리였다. 보증금 1천만원에 월세 70만원. 비어 있으니 당연히 권리금은 없었다.

　동네상권 끝이라고는 해도 그곳에도 식당은 즐비했다. 대신 유명한 식당보다는 생계형 식당들로 포진했다는 것이 다를 뿐이다. 월세 70만원인 가게를 보고 자리의 유·불리를 따지는 것은 무의미하다. 생각해 보라. 그 건물 주인이 특별히 마음이 좋아서 그 월세일까? 그만한 월세라도 오래도록 비어있지 않았는가? 필자는 비싸지도 싸지도 않은 합당한 금액이라고 판단했고, 장점만을 골라냈다.

　우리는 늘 선택을 해야 한다. 짜장을 먹을지, 짬뽕을 먹을지도 선택의 결과다. 대체로 선택은 안좋은 경우의 수를 중요시해야 헛돈을 날리지 않는다. '내가 하면 무조건 될거야' '내가 하는데 무슨 일 있겠어?'라는 사고는 한 집안의 가장으로서 반드시 피해야 할 금기들이다. 그래서 10개 중 6개의 장점이 있더라도 스톱하는 것이 좋을 때가 있다. 최소 단점보다 장점이 7~8개가 많을 때 결정하는 것이 현명하다. 그러나 이번 경우처럼 30평의 월세가 70만원이고, 오직 동네 사람만 겨냥해야 하는 상권이라면 장점을 더 찾아내어 긍정의 희망을 갖는 것이 더 좋다.

동네상권에서도 안쪽이라서 메이커가 없다면 메이커처럼 보이게 만들어야 한다. 그것을 단순하게 인테리어라고 생각하는 분들이 있는데, 그건 낮은 관점이다. 뒤에서 지겹도록 설명할 온리원인 메뉴로 접근하는 것이 눈에 띄는 적극적 공격이다. "어랏~ 메뉴가 하나뿐이라고? 정말?"

어떻게 보여지게 하는가도 중요하다. '파사드'란 간판을 포함하여 가게 전면을 뜻한다. 이때 간판을 독특하게 만들어 붙이면 그것도 신뢰를 주는데 도움이 된다. 모두가 똑같이 예쁘게 성형할 때, 개성을 강조한 얼굴이 확 살아나듯 말이다. 어디서나 볼 수 있는 플랙스 간판 혹은 채닐형 글자 간판을 떠나서 천으로 간판 전체를 싸 감아서 그 천 위에 쓰고 싶은 문구를 자연스럽게 인쇄하면 그 또한 훌륭한 도화지가 된다. 남다른 간판이면서 한편으로는 비용도 절감한다. 이런 것이 바로 창업비용 줄이기다. 간판에 붙인 '삼겹살은 앞집에서 드세요'라든가, 유리창에 붙인 '한 번은 정으로, 두 번은 맛으로, 세 번은 단골로'라고 써붙인 그런 문구처럼 말을 거는 것이다.

적은 돈으로 창업하는 것은, 권리금이 없고 보증금이 낮은 상가를 구하는 것에서 출발한다. 문제는 그런 자리에서 식당을 차려 살아남

을 수 있는가이다. 살아남지 않는 창업은 의미가 없다. 겨우 오픈이나 해보자고 그 많은 시간과 돈을 들이는 것은 아니기 때문이다.

1장에서는 장소의 중요성이 사실은 중요하지 않음을 설명하기 위해서 이런 사례들을 설명했다. 하지만 어찌 식당 창업이 이 몇 줄의 설명으로 이해되고 설득되겠는가?

입지가 전혀 중요치 않다는 것 역시 아니다. 과한 권리금, 분명히 가슴을 억누를 비싼 월세를 지불하면서까지 자리를 선택하지 말자는 것이다. 경쟁자가 없는 곳에서, 경쟁자가 쉽게 생겨나지 않을 곳에서 시작하는 것도 의미 있고, 성공도 의외로 거기가 더 쉬울 수 있다는 비밀을 선뜻 알려주는 것이다.

컨설턴트의 비밀노트

이경태의 상권수첩 창업전문가가 보고 배우는 맛있는 창업 / 체인본사가 보고 카피하는 맛있는 창업

목록 | 스크랩　　　◀이전글　다음글▶

원내동 공사안

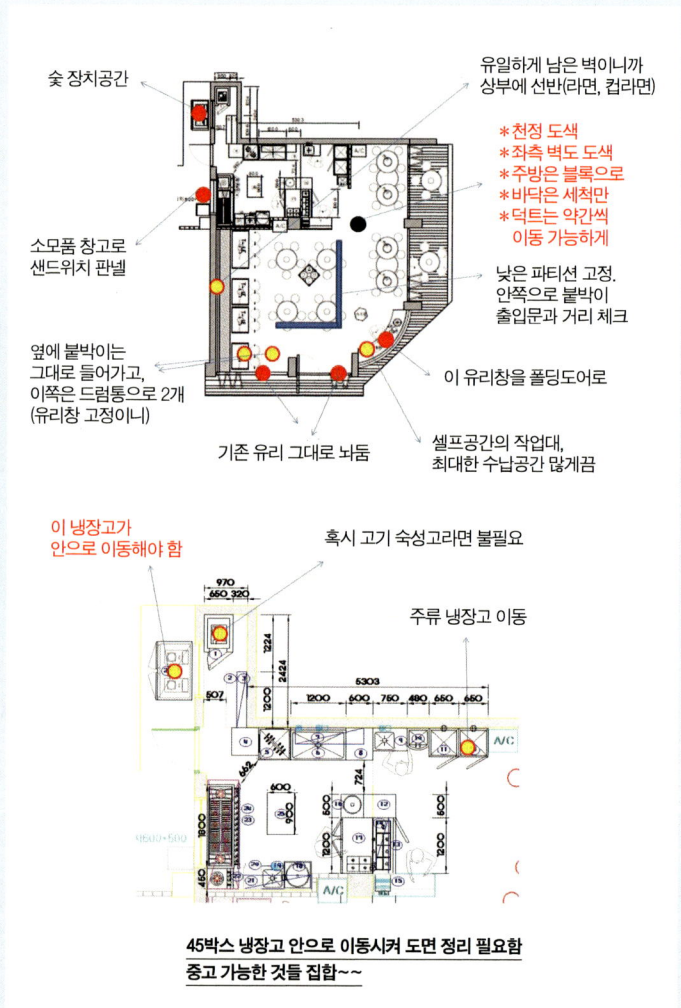

PART 2

Restaurant
food and drinks

생각을 깨면
손님이 보인다

강의 중에 재미삼아 "지금부터 각자 머릿속으로 물고기를 그려 보세요. 머리가 어느 쪽이죠?"라고 물으면 100이면 100명이 왼쪽이라고 말한다.

이렇게 남과 같은 생각을 해서 남을 이길 수 있을까? 내 식당과 남의 식당이 달라야 하거늘, 같은 구성이라면 결국 돈 싸움으로 끝나지 않을까? 돈이 많은 자가 조금 더 좋은 자리를 치지해서 이기고, 돈이 많은 자가 조금 더 큰 가게를 차려서 이기고, 돈이 많은 자가 조금 더 멋진 인테리어를 해서 이기는 거 아닐까?

생각을 깨면 즐겁다.
적은 돈으로 독특한 인테리어를 할 수 있는 것도 생각의 차이고, 생각지 못한 조합으로 유명 쉐프의 음식을 꺾는 것도 생각의 차이다.

생각을 깨면 경쟁자가 없어진다.

남들은 다 비슷한 상품과 구성·서비스로 손님의 간택을 기다리는데, 그렇지 않으면 손님을 가려서 받을 수 있다. 이건 매우 의미심장한 말이다. 하루 종일 손님을 기다리는 식당이 있고, 손님이 얼마든지 기다려서도라도 먹겠다는 식당이 있다. 바로 그 차이가 생각의 차이다. 그런데 그 생각의 차이가 대단한 것이 아니라는 것이 또 핵심이다.

누구나 할 수 있다.

손님의 입장에서, 손님의 눈으로 보는 습관을 들이면 얼마든지 변할 수 있다. 바로 그 쉬운 변화를 이 책은 알려주고 있다.

식당의 정석

001
메뉴가 많아야 잘된다?

● '메뉴가 많으면 좋다. 이것저것 선택지가 많아지니까 손님이 올 확률이 많기 때문이다. 말 그대로 남녀노소 골고루 모든 손님을 잡을 수 있기 때문에 메뉴는 많을수록 좋다. 할 수만 있다면 늘리는 것이 식당의 미덕이다.'

이 말에 동조한다면 그 식당의 앞날은 매우 불행하다. 기대할 것이 없다. 길게 설명하지 않아도 당신의 식당이 왜 위험한지는 이미 당신도 경험했고, 눈으로도 목격했을 것이다.

자, 손님에게 물어보자. "오늘 돈가스가 드시고 싶다면 어디를 가실까요?" 그럼 그 질문을 받은 사람이 "돈가스를 파는 집이면 어디든 그게 뭔 상관인가요?"라고 대답을 할까? 그렇지 않다. 오늘 꼭 돈가스가 먹고 싶다면 돈가스 잘하는 집을 찾는다.

오늘 뜬금없이 쌀국수가 먹고 싶다면 쌀국수 잘하는 집을 찾는 거지, 분식집에서 파는 모양만 쌀국수인 그것을 먹을 리는 없다. 시간은 없고, 옆집이 쌀국수를 팔기는 하는데 그게 분식집일 때나 먹게 된다. 그런 경우가 아니라면 반드시 그거 잘하는 집을 찾는다.

또 물어보자. "이 건물 지하에 식당이 30개 있습니다. 거기서 김치찌개 잘하는 집은 어딘가요?" 그러면 대부분 순서를 읊는다. 30개에 대한 경험이 있다면 반드시 그 사람의 머릿속에는 순위가 정해져 있다. 그러다 결국은 김치찌개는 영희네, 부대찌개는 철수네, 그래도 된장찌개는 영수네라고 선을 그어버린다. 뭐를 먹어도 상관 없을 때는 리더의 의견을 따르고 돈을 내는 사람의 의견을 따르지만, 그날따라 그게 먹고 싶을 때에는 혼자 떨어져서라도 그거를 먹고 싶은 것이 사람 마음이다.

다른 방식으로 물어보자. "신 메뉴를 내놓으면 매출이 어때지나요? 올라가나요?" 그렇지 않다. 골고루 팔릴 뿐이다. 우리 집은 그거 하나 먹으러 오는 집이 아니기 때문에, 이것저것 선택의 편리함 정도가 무기이기 때문에 오는 사람들에게 새로운 메뉴는 또 하나의 선택지일 뿐이다. 따라서 매출은 똑같고, 몸은 고된 경험을 사서 하게 된다.

입장을 바꿔서 이제 당신은 식당 주인이 아니고 손님이다. 오늘만큼은 가족 외식이 있어서 결정을 내려야 하는 손님이다.

"오늘 8명의 가족 모임을 위해서 갈빗살집을 찾는 당신. 어디를 선택하시렵니까?"

이렇게 말해도 여전히 식당은 메뉴 수로 손님을 잡아야 한다고 믿는다면 그렇게 살면 된다. 그러다 어느 날 그거 하나 잘하는 전문식당이 내 식당 옆에 오픈하면, 더 이상 당신의 그 메뉴는 팔리지 않는 것을 목격하게 될 것이다. 그렇게 하나씩 잘하는 집들이 생겨나면, 아무런 특징도 특색도 감흥도 없는 당신의 식당은 처참하게 쇠락해져 갈 것이다.

여러 가지 고기를 죄 파는 100평 고깃집이 10평짜리 갈매기살 딱 하나만 잘하는 집에 쓰러지는 경우는 지금 바로 일어나고 있는 현실이다.

어느 날 아는 기자와 함께 컨설팅을 통해 차린 식당인데 제법 장사가 잘된다고 해서 그곳에서 식사를 했다. 횟집이었다. 평수는 30여 평인데 메뉴가 참 많았다. 흔히 볼 때에는 어디든 그렇게 파니까 그게 당연하고, 그게 맞는 것 같지만 필자의 성향을 아는 기자인지라 슬쩍 물어본다.

"소장님이 횟집을 차리면 메뉴가 다르겠지요?"

"그럼요. 이렇게 많을 필요 없습니다. 가자미회 하나만 팔든지, 정히 마음에 걸리면 가자미회랑 도다리세꼬시 하나만 팔 거에요. 당연히 다른 술안주는 다 빼고, 매운탕도 딱 하나로만 파는 거죠. 혹은 매운탕으로 가성비를 채워주거나. 하여간 전 이렇게 많은 메뉴는 겁나서 권하지 못해요"

마침 기자가 주인을 불러 필자에게 인사를 시킨다. 그래서 물었다. 이 많은 메뉴가 어떠시냐고. 그리고 다 골고루 나가냐고.

"광어세꼬시가 80%에요. 상호가 그거니까요. 나머지는 구색으로 나가는데, 바쁠 땐 힘에 벅차요. 이것저것을 한 번에 해내려면"

메뉴가 많아서 잘된다고 생각하는 훈수꾼이 더 이상 없었으면 좋겠다. 어디서든 온리원이다. 그거 하나만을 잘하면 상권은 스스로 커진다. 진짜로 넓어진다.

> 맛창 컨설팅 보고서

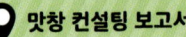

생각을 바꾸는
메뉴판 컨설팅

국내 최다의 창업 서적을 집필한 저자

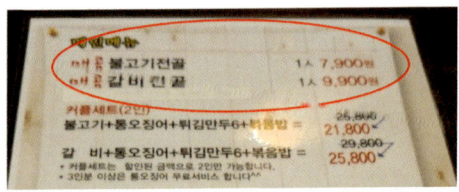

메뉴를 2가지로 가는 건 선택의 다양성에 보탬이 되지만
그래본들 겨우 2가지입니다.

겨우 '2가지로 덤비냐' '1가지로 덤비냐'는 사실… 작은 차이입니다.
차이는 거기서 거기지만

<u>손님이 느끼는 한 가지는 상당히 달라집니다.</u>

Tip) 메뉴를 하나 버릴 때 싼 걸 버리면 손님은 싫어하지만,
비싼 메뉴를 지우면 손님은 전혀… 불만이 없습니다.
(새 메뉴판을 만들기 전 곧바로 메뉴를 하나 뺄 때)

맛창 컨설팅 보고서

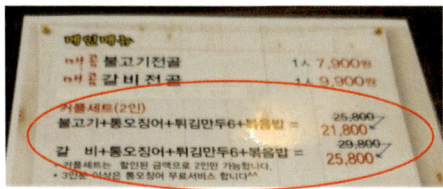

커플세트는 할인된 금액으로(누가 할인해 달라고 했나요?)
2인만 가능합니다(둘만 오는 집인가요? 셋은 손님이 아닌가요?)

1. 내가 이 음식을 밥으로 파는지, 술로 파는지를 결정합니다.
2. 술로 판다면 "안주는 1인 1식이에요" 이게 말이 되나요?
3. 커플세트('셋이 커플이면 셋도 드세요'라고 양념을 칩니다)
4. 가격을 왜 깎아줘요? 어차피 진짜 커플이 되려는 사람들에게 가격할인은 쪽팔립니다. 비싸도 지갑을 엽니다.
5. 4천원을 깎지 말고 4천원어치를 원가 그대로 넣어줍니다.

사리 팔려고 차린 식당 아닙니다.
그냥 담아서 내주는 사리라면 몰라도….
일일이 또 손대야 하는 튀김 종류에 목숨 걸지 않습니다.

술 파는 게 목적입니다. 그 자리는 술집골목입니다.
안주 추가 안해도, 한 번에 악소리나게 줘서…… 술로 적시게 하면 됩니다.

면 사리가 2천원?
얼마나 남기시려구요……. 그거 남겨서 마음 편하실까요?
남들이 그러건 말건, 나는 달라야 합니다.

맛창 컨설팅 보고서

'마진이 좋은 식당만들기'가 지금 목표가 아닙니다.

경쟁자가 무수한 그곳에서 '손님이 많은 집 되기'입니다.
그래도 '술안주로 꽤 괜찮은 곳 되기' 입니다.
'안주 하나 시키면 술 반박스는 먹어야 하는 집 되기' 입니다.

25,800원 받으시고, 마음은 21,800원만 받으세요.
그럼 4천원은 손님 겁니다.

4천원을 하나도 손대지 않고 손님에게 주면,
뭐가 달라………도 달라지겠지요?

사리 파는 것도 목표 아닙니다.
사리 그걸로 손님을 유인하는 무기로 쓰면 쉽게 풀립니다.

혼술? or 마지막 한 잔일 때!
땡초불고기전골   1인 7,900원

커플세트   (3명이 커플이세요? OK에요)
             볶음밥 포함 25,800원
전후반세트 (전반전, 후반전으로 2번 드려요)
             볶음밥 포함 35,800원

라면사리, 당면사리, 수제비사리 …… 공짜
버섯사리 ……   (버섯 가져오면 공짜) 2,000원
계란………………   (까고 남기면) 개당 1,000원
떡 …(받자니 그렇고, 안받자니 서운코) 1,000원
오징어입……… (이건 원래 비싸요)   2,000원

SNS에 잘먹었다! 홍보성(^^;) 멘트 날려주시면
1회 = 소주 1병
3회 = 세트 업그레이드
5회 = 통크게 전후반세트
10회? = 말만 해요. 집 한 채 선물 ^^

맛창 컨설팅 보고서

이 가운데 부분을
원가에 '피해'라고는 눈꼽도 주지 않을 '사리'를 이용해
차별화, 시선끌기, 사진찍어가는 곳……으로 활용합니다.
어차피 여기 중앙은 가장 나중에 앉는 그저그런 위치니까요.

1. 오뎅탕은 한쪽에 별도로 세팅합니다.
2. 오뎅은 꼬지를 꽂지 않고, 조각내어 떠먹게끔 합니다.
3. 옆 술집이 오뎅을 돈 받고 팔기 때문에 꼬지가 아닌 조각으로 피해를 주지 않아야 합니다.
4. 그러나 조금 더 과감하게 개선하자면

➜ **아예 중앙 테이블 2개를 포기하고**
➜ 그 공간에 철망(어디서든 보여져야 하니까)으로 서비스 룸을 만들어서
➜ 그 안에다
➜ 오뎅탕도 집어 넣고, 라면도 쌓아두고, 계란 바구니도, 수제비 반죽도 놔둬서…
마치 거기를 '잡화점처럼' 꾸미면 어떨까요?

이것만 잊지 마세요.
기왕 줄 때는 과감하게 쏴야…….
그게 가치의 빛을 가지고 되돌아옵니다.
어정쩡하면 절대 손님은 반응하지 않습니다.

002
점심 특선이 필요하다?

● 횟집에서, 고깃집에서 점심 특선을 파는 것은 이해한다. 하지만 일반 식당에서 점심 특선을 굳이 만들어 표기하는 것은 도통 이해가 되지 않는다. 점심 특선을 풀이하자면 '점심에 특별히 선보이는 음식'이란 소리다. 저녁에는 팔지 않는 또는 저녁에는 그 값으로 주문되지 않는 음식이라는 말이다.

왜 그렇게 팔까?
횟집에서 점심 특선으로 동태탕을 판다면 그건 어울리는 메뉴이다. 저녁에는 회를 팔아야 하기에 동태탕은 물론 팔지 않는다. 점심부터 단가가 높은 회를 먹기엔 부담스러울테니, 점심엔 저렴한 동태탕을 준비해서 파는 건 손님을 배려하는 자세다. 저녁에 비해 점심 소비력이 낮으니까, 저녁보다 싸게 점심에 회덮밥을 점심 특선으로 팔겠다는 것도 나무랄 일은 아니다.

육개장, 설렁탕, 비빔밥, 칼국수, 돈가스를 파는 식당이 있다. 점심 특선이라고 '회덮밥'을 붙인다. 이건 말 그대로 메뉴 늘리기다. 없던 메뉴를 늘리는 묘책으로 사용한 것이다. 쉽게 말해서 메뉴 테스트인 것이다.

한정식 A, 한정식 B, 한정식 C를 파는 집이 있다. 그런데 이게 가격이 만만치 않아서인지 손님이 오질 않는다. 그래서 만든 것이 점심 특선 한정식 9,900원이다. 이건 오직 점심에만 판다. 저녁엔 A나 B, C를 선택해야 한다. 이건 잘못된 생각이다. 이건 특별히 선보이는 음식이라기보다는 싸게 한시적으로 파는 메뉴일 뿐인 것이다. 이걸 미끼로 사용했다면 그 집은 점심만 될 뿐, 저녁은 다시 한가해져서 나중에는 저녁에도 저녁 특선 한정식 9,900원을 만들어야 할 것이다.

지금 당장 내 식당에 붙은 점심 특선이 뭔가 확인해 보자. 그리고 거기에 이런 질문을 해보자.

"내가 지금 이것을 팔기 위해 차린 식당이던가?"

만일 점심 특선 그것을 팔기 위해 시작한 것이 맞다면 죽을 죄를 지었다. 그런데 궁금하다. 그럼 그냥 온리원으로 밀어붙일 것이지 왜 치졸하게 점심 특선이라는 표현으로 손님을 자극하는지 궁금하다.

점심이고 저녁이고 내가 잘하는 메뉴를 팔아야 그거 먹으러 온다. 점심 특선 그거 때문에 저녁까지 오는 손님은 없다. 점심 특선의 정해진 시간에 맞추기 위해 부랴부랴 오는 손님은 정말 지갑이 그것밖에 없는 가난한(다시 재방문하기 어려운) 한 번뿐인 손님일 것이다.

식당의 정석

003
술안주 메뉴가 있어야 한다?

● 우동집을 차려도, 돈가스집을 차려도 상당수의 점주들이 하는 말은 같다. "그럼, 저녁에 뭘 파냐?"

이럴 땐 정말 미치겠다. 저녁에 술 팔고 싶으면 술집을 차릴 일이지, 왜 우동집 돈가스집을 차렸는지 묻고 싶다. 물론 과거에는 필자도 점심과 저녁을 구분지어 메뉴를 짜주었음을 인성하고 고백한다. 그러나 지금은 전혀 동조할 수 없다. 점심에 김치찜으로 밥을 잘 먹었다고, 저녁에 또 가서 김치찜에 소주 한 잔 하지는 않는다. 점심에 된장찌개 잘 먹었다고 저녁에 가서 삼겹살 먹는 집은 극히 드물다(전혀 없는 것은 아니다. 차돌 된장찌개나 갈비탕으로 점심에 만족 후 저녁에 오게 하는 식당도 많다. 그 많음이 겨우 백사장에서 동전찾기만큼 어렵다는 건 당신만 몰랐던 거다).

진짜 센 식당은 점심과 저녁 메뉴의 구분이 없다. 점심에도 팔고 저녁에도 판다. 그러나 그렇게 되기는 매우 힘들다. 그래서 솔직히 대부분의 식당에서는 술안주 메뉴를 넣어서 파는 것이 맞을지도 모른다. 여기서 '맞을지도'라는 표현이 무서운 것이다. 그 말의 속뜻은 그렇게 장사를 해본들 3~4년이 지나도 지금과 같이 힘겨울 것이라는 것을 뜻한다. 시간이 지나면 성장해야 한다. 가게의 명성이 성장하고, 명성만큼 당연히 매출도 성장해야 한다. 그러나 대부분의 식당은 3년이 지나도 내일이 걱정된다. 이유는 저녁 매출을 위해서 술을 팔려고 애를 썼기 때문이다. 주업이 그것이 아닌 식당이다 보니 술안주 메뉴를 바꿀 수밖에 없다. 보쌈도 했다가 해물탕도 했다가 어찌되었던 가까운 동네 사람들이 식상하지 않게 술안주를 만들어내야 그마나 그 매출도 유지가 된다. 물론 대단한 매출은 아니다. 겨우 하루를 버티기에 적당한 그 매출을 위해서 매달리다 보니 정작 내가 왜 이 식당을 차렸는지 뒤늦게 후회를 한다. 점심보다 긴 저녁을 잡기 위해서 밥집을 차렸음에도 저녁 술안주 거리를 찾아 헤맨 결과는 쇠락하는 오늘의 현실이다.

　잘되는 집을 보자. 저녁에도 같은 메뉴를 판다. 점심에 팔던 곤드레밥을 저녁에도 그것만 판다. 심지어 술을 팔지 않는 곳도 있다. 남자를 받지 않겠다는 뜻이다. 남자는 술집으로 가고, 저녁에 여유있는 아줌마들이 편하게 오라고 작정하고 술을 팔지 않는 결정도 내린다.

　모든 것은 결정에 달려있다. 3년을 장사하고도 저녁이 걱정인 밥집이라면, 그 3년이 지나고 나서 후회하기보다는 바로 지금부터 오직 밥 하나로 점심이 저녁되기를 감내하는 것이 낫다. 그 밥 메뉴 하나만 잘해서 3년을 버텼다고 생각해 보자. 아니, 억지로 마지못해서 그것 하나로 버텨오다 보니 어쩌다 3년이 지났다고 치자. 하나만 해온 3년은 저녁 술안주 메뉴로 버텨오며 꾸려온 3년과는 전혀 다른 것이다.

　식당은 한 방이다. 입소문은 한 방이다. 그 한 방이 3년 뒤에 터질 수도 있다. 물론 이것저것 두리번거리지 않은 것에 대한 보상으로 찾아올 뿐이다. 두리번거리던 종종걸음에는 끈질기게 아픔만 주는 것을 수없이 목격했다.
　우동 하나로 3시에 마감하는 안양의 식당. 돈가스 하나로 3시에 문을 닫는 대전의 식당. 짬뽕 하나로 3시에 문을 닫는 공주의 식당. 부대찌개 하나로 3시에 문을 닫는 청주의 식당도 있다. 당신이 점심에는 밥을, 저녁에는 술 한 병이라도 더 팔려고 하루 12시간을 꼬박 매어 사는 설질힌 삶을 살 때 누군가는 일찍 가게 문을 닫고서도 손님의 애를 태우는 식당이 있다(이 책의 궁극적인 목적이 바로 쉽게 문어는 식당 만들기다. 한 번 믿고 끝까지 함께해 보자. 이 책의 마지막 장을!).

식당의정석

004
마진이 높을수록 좋다?

● 6천원짜리를 팔아서 4천원 남는 메뉴가 당연히 좋다. 1만원 받아서 7천원 남으면 아주 탁월한 솜씨라는 것 인정한다. 3만원 팔아서 2만 몇 천원을 남기면 가히 고수라 박수쳐 줄 수 있다.

문제는 '얼마나 팔리는가'이다. 하루에 6천원짜리 음식을 50그릇 파는 게 전부라면 겨우 30만원이다. 3만원짜리 메뉴를 하루에 5개밖에 못 판다면 매출은 15만원이다. 좋은가? 이렇게 하루 45만원 팔아서 좋은가? 이렇게 팔아서 큰돈을 벌 수 있다고 확신하는가?

초보와 하수들이 착각하는 것이 얼마나 남는가에 대한 욕심이다. 월세는 오르고, 인건비도 오르고, 식자재비도 오르는데 오르지 않는 밥값만 보면 한숨이 난다고 한다. 그래서 어떡하든 남겨내려면 한 그릇 마진을 좋게 만들어야 한다고 필자를 가르치는 장사 선배들이 있다.

틀린 말은 분명 아니다. 그러나 필자는 이 책을 통해 이기는 식당을 안내하는 길이다. 이미 20여 년을 경험해서 만든 결과치를 토대로, 있는 실제의 이야기를 하는 것이다. '꿈 같은 소리하고 있네'가 아니다. '니 돈이라면 그렇게 주겠니?' 따위로 흥분한다고 달라지는 건 아무것도 없다. 그냥 당신만 피곤할 뿐이다. 그걸 지키는 당신만 남의 성공을 훔쳐보게 될 뿐이다.

손님의 경험치는 어마어마하다. 매일 점심을 사먹고, 저녁 외식도 최소 일주일에 두어 번은 한다. 이걸 한 달, 일 년으로 곱하면 엄청나다. 그게 끝이 아니다. 그게 10년, 20년, 30년이 된 경험치를 가진 손님들이라는 점을 잊지 말아야 한다. 그들은 딱 보면 안다. 맛은 몰라도, 이게 얼마짜리 음식의 가치를 가진 것인지는 안다. 모르고 시켰으니 오늘만 먹는 것뿐이다. 절대 다음에는 가지 않는다. 혼자만 가지 않는 게 아니라, 손바닥 스마트폰을 켜서 수백~수천 명에게 알린다. '이 따위를 6천원에 판다' '이렇게 주고 3만원을 받더라'고 한다.

아무 말 없이 잘 먹고 나가니 4천원 남겼다고, 2만 몇 천원 남겼다고 좋은가? 큰일이다. 아직도 그렇게 손님을 호갱으로 본다면 당신의 식당은 근본부터 바꿔야 한다.

높은 월세는 본인이 선택한 결과다. 누구도 그 비싼 자리를 계약하라고 강요하지 않았다. 본인이 유동량이 많으니 손님을 충분히 받을 수 있다고 판단해서 들어간 자리다. 배추값이 오르면 나만 오르는 것이 아니다. 남도 오른다. 오르는 재료비에 좌절할 필요 없다. 남도 힘드니까 말이다.

그래서 장사는 힘든거다. 장사는 간이고 쓸개고 놓고 나와서 손님의 주머니를 비워내야 하는 고된 일이다. 그것을 선택한 것은 본인, 바로 당신이다. 그렇다면 이기는 법을 배워야 한다. 쉽다. 아주 쉽다. 더 받으면 된다. 6천원 받을 것을 8천원 받으면 된다. 그리고 6천원에 넣어주던 재료비 2천원과 8천원으로 올린 2천원을 더해서 원가를 4천원, 즉 50%로 내주면 된다. 3만원은 3만 5천원을 받으면 된다. 기존에 넣어주던 원가에 올린 5천원을 그대로 손님 몫으로 내주면 된다.

어떤가? 쉽지 않은가? 이게 어려운가? 손님이 8천원짜리, 3만 5천원짜리는 먹지 않는다고? 우선 해보자. 우선 해보고 시비를 가리자. 이미 필자는 수백 개의 식당에 이걸 대입해서 아주 쉽게 컨설팅 결과를 지켜봤다. 심지어 이 공식으로 프랜차이즈 사업까지 하는 생계형 창업자들까지 만들었다. 싸면 먹고, 비싸면 먹지 않을 거란 생각은 버리자. 손님은 먹을 만한 것에는 약간 더 지불할 용의가 있다. 지금처럼 먹거리에 대한 불신이 높을수록, 식재료를 가지고 장난치는 사람들이 많을수록, 싼 것보다는 제대로 주는 것에 기꺼이 지갑을 연다.

식당의정석

005
1인 1식이어야 한다?

● 하긴 얼마나 진상 짓을 하는 손님들이 많으면 그럴까 싶다. 필자의 회원 식당 사장에게 간간이 듣는 말 중에 기가 막힌 이야기들이 참 많은 것을 보면 세상은 분명 요지경인 듯싶다. 어른 둘이 아이들 셋을 데려와서는 딸랑 2인분을 시켜 먹는다는 건 애교다. 어른 여섯이 와서 테이블 2개를 차지하고는 배가 부르니까 아구찜 中자 하나를 반 나눠서 두 상으로 달라는 경우도 있다. 大자도 아니고 中자를 반으로 갈라 달란다. 小자 두 개를 시키는 것보다 그게 계산상 나아서일 것이다. 한정식집에서 흔하게 겪는 사정이 꼭 한 사람은 10분 뒤에 도착해서 수저 하나 더 챙겨서 리필을 한 번씩 하는 행태는 이제 어디서나 볼 수 있는 풍경이라고 한다.

어쩔 수 없다. 손님은 그렇게 길들여졌다. 약지만 그게 옳은 소비라고 생각하는 거다. 그런 게 눈꼴사납다면 장사는, 특히 식당 장사는 할 수 없다. 그냥 영원히 손님으로 사는 것이 바람직하다.

엄마 혼자서 아이 둘을 데리고 와서 테이블 하나를 차지하고 1인분을 시켜 나눠 먹는다면, 그냥 아이들이 배고프지 않구나라고 치부해 버리자. 어른 4명 덩치가 와서 아구찜 소자를 달라고 한다면 "3차로 여기까지 와주셔서 고마워요. 진심으로" 오히려 이렇게 응대하자. 진짜 그들이 부른 배를 안고서 그래도 허전해서 3차로 우리 아구찜을 먹기 위해서 온 것인지도 모르는 일이다.

정작 중요한 것은 한 테이블을 넘게 쓰지 않는 것이다. 아는 사람 네 명이 둘씩 짝을 지어 테이블 두 개를 차지하고 총 4인분을 먹는다면, 그것도 뚜껑 열리는 일이다. 그것도 한참 바쁜 점심시간이라면.

그러니 인원 수대로 시켜도 이런 일이 생기면 외려 피해는 식당이 입기 때문에 5명이 한 테이블에서 먹는다면 2인분을 시키던, 3인분을 시키던 눈에서 레이저를 굳이 발사하지 않아도 좋다. 적게 시키고 반찬 많이 먹는다고 타박할 거 없다. 둘이서 반찬 서너 번도 불사하지 않던가? 그런 거 밉고, 저런 거 속 아프면 식당은 다른 이에게 넘기고 집으로 가자. 그 꼴도 안보고 남의 돈 먹는 일, 절대 다른 묘책이 있을 리 없기 때문이다.

'초등학생부터는 1인 1식입니다' 라고 메뉴판에 붙인다고 싸움 나지 않는다. 하지만 1인 1식을 깨면 오히려 손님이 더 증가한다. 그 이야기는 PART 4 5절에서 하겠다.

천안에 9살 사춘기를 앓는 〈홍굴이짬뽕〉이 있다. 이 집은 '면 많이, 국물 많이, 홍합 많이'가 가능한지라 어느 날 부모와 아이 하나가 와서는 짬뽕 두 그릇을 시켜서 엄마는 '면 많이' 달라 하고, 아빠는 '홍합 많이'를 달라고 했다. 그리고 이어서 빈 그릇에 국물 좀 많이 달라고 해서는 엄마는 면을, 아빠는 홍합을 덜어서 아이가 먹을 짬뽕 한 그릇을 만들어 주더라고 했다. 절묘한 묘안에 점주는 그저 감탄만 했다며 웃었다.

어쩌겠는가? 손님이 작정하고 그리 먹겠다면 그렇게 되는 것을.

테이블만 하나에서 처리하는 조건이라면, 1인 1식은 앞으로 절대 따르지 말아야 할 과거의 유물일지 모른다.

식당의정성

006
추가 · 곁들임에서 남긴다?

● 냉면을 먹는데 왕만두 한 알이 먹고 싶다. 그런데 메뉴판에 왕만두는 한 접시 5알에 6천원이다. 그래서 먹기를 포기한다.

보리밥을 먹는데 고등어구이가 먹고 싶다. 그것만 추가해서 그것만 내주는데 가격을 보니 7천원이다. 이미 밥이며 찬은 깔려있는 상황인데도 7천원이라 그냥 보리밥만 먹는다.

삼겹살을 먹는데 라면이 먹고 싶다. 그런데 라면을 3천원 받는다. 라면 전문점도 아닌데 말이다. 그래서 그냥 먹기를 포기한다.

위 상황은 돈이 없는 손님의 경우에 한하는 것일 수 있다. 대부분은 아무렇지 않게 먹을 수 있다. 그러나 그것이 중요한 것이 아니라 손님의 만족도가 중요한 것이다. 손님이 만족해야 더 소비하고(객단가 상승), 다시 소비하고(재방문), 함께 소비한다(구전 홍보). 바로 이 점이 중요한 것이다. '우리 집은 추가 잘 나가' '우리 집은 곁들임도 아주 잘 나가'의 문제가 아니라는 뜻이다. 생각을 바꾸면 손님들이 훨씬 만족한다. 그 만족은 결국 매출과 경쟁자와의 간격으로 표출된다. 이래도 바꿀 생각이 없는가?

쉽다. 냉면집 차린 거지 왕만두집을 차린 것이 아니다. 그럼 만두는 한 알씩 판매하는 것으로 얼마든지 손님의 식도락을 만족시킬 수 있다. 마찬가지로 보리밥집을 차린 거지 고등어구이집을 차린 것이 아니다. 중요한 것은 보리밥을 잘 먹게 해서 만족도를 높이는 것이다. 그렇다면 고등어구이는 고등어 한 마리 원가만 받아도 손해볼 것이 없다. 아무 찬도 없이, 공깃밥에 고등어구이 하나만 시켜 먹는 사람은 없기 때문이다. 그러니 추가로 주문하게 될 고등어구이의 가격은 4천원이어도 충분하다. 문전성시를 이루는 한 보리밥집은 코다리찜 추가를 1만 2천원을 받고도 손님들이 잘 먹는데, 그렇게 잘 먹는다고 끝나는 문제는 아니다. 이를 보고 장사를 잘하는 것이라고 착각하지 않았으면 좋겠다. 왜냐하면 손님은 만족하지 않기 때문이다. 분위기 때문에, 줄 서는 집에 온 기념으로 그저 그 가격이 비싸도 시켜 먹는 것뿐이다. 삼겹살집에서 라면 한 그릇을 3천원 받으니까 잘 먹지 않는다. 반대로 어떤 삼겹살집은 봉지라면을 셀프로 끓여먹게 하는 단순한 그 서비스만으로 손님이 밀려들게 한다. 라면을 3천원 받고 하루에 10그릇(10팀이 아님) 파는 집과 라면은 셀프로 그냥 먹게 하면서 하루에 30팀 손님을 받는 삼겹살집이 있다면 어느 쪽이 더 행복할 것인가는 자명한 일이다. 라면을 팔아서 이득을 보고 싶다면, 삼겹살집이 아니라 라면집을 차려야 하는 것이다.

　이 말은 매우 중요하다. 필자의 장사 논리에서 아주 중요한 근간을 차지하는 맥이다. 무엇을 팔기 위해서 차렸는가, 간판을 그리 달았는가는 진짜 중요한 목적이다. 그 목적에 도달하는데 도움을 주는 것이 곁들임이다. 라면에 공깃밥까지 먹게 하는 것이 진짜 멋진 라면집인 것처럼(손님의 배가 더 부를 것은 당연하기에) 간판에 적히지 않은 메뉴에서 마진을 보겠다는 욕심을 버리는 것만으로도 장사가 한 뼘쯤은 늘어난 자신을 경험하게 될 것이다. 진심이다. 컨설턴트는 컨설팅 비용만 받으면 된다. 인테리어에서 뜯고, 주방에서 뜯고, 간판에서 뜯어서 배를 채운다고 그게 살로 가지 않는다. 마찬가지로 체인 본사들이 정당한 가맹비와 정당한 로열티, 유통마진만 받는다면 참 상생하는 관계가 될 것이다. 그러나 현실에서는 그리 하지 않고, 뜯어먹을 수 있는 데까지 뜯어먹는 컨설턴트, 체인 본사라서 사기꾼이라고 매도당하는 것이다.

007
계절메뉴가 필요하다?

● 맞다. 여름에는 모든 식당에서 냉면이나 콩국수가 필요하다. 그것을 찾는 사람들이 많으니 안할 수 없다. 그리고 뭐 어려운 일도 아니다. 봉지로 유통되는 것들도 조금만 신경을 쓰면 얼마든지 먹을 만하니 말이다.

그렇다. 매번 이렇게 장사하면 된다. '먹을 만하게'에서 타협하면 된다. 생전 만들어 보지도 않던 음식을 찾는다고, 여름이라고, 겨울이라고 먹을 만하게 만들어서 그때그때의 고비만 넘기면 된다. 아무도 뭐라고 하지 않는다. 단, 당신의 식당은 해가 가도 변하지 않을 것이고, 당신의 장사솜씨는 아무리 시간이 곱해져도 늘지 않을 것이다. 단지 요령만 깊어질 뿐이다. 이건 뭘 사서 쓰면 먹을 만해지고, 저건 그걸 넣으면 훨씬 더 먹을 만해진다는 팁의 고수만 될 뿐이다.

아무 생각 없이 라면을 3년 끓이면 서당개가 시합하자고 덤빌지 모른다. 그러나 3년 동안 라면을 끓일 때마다 고심하고 정성을 다해 끓인다면, 적어도 라면 한 그릇 끓이기 대회에서 경이로운 표차로 1등을 하게 될지도 모른다. 지금 당장 1등을 해야 하는가? 3년 뒤는 너무 늦은가? 그래서 지금 돈가스를 팔면서, 짬뽕을 팔면서 기어이 여름이니까 냉면을 해야 옳은가? 그래서 매출이 확 뛰었는지 묻고 싶다.

물론 날씨 탓으로 당연히 우동이나 짬뽕보다는 냉면과 막국수가 먹고 싶은 것이 사실이다. 그러나 필자가 지독히도 더웠던 2016년 여름에 냉면과 막국수를 몇 번이나 먹었는지 기억을 떠올리면 겨우 한 손가락으로 헤아려질 정도이다. 필자가 유독 그 음식을 싫어하는 것도 아닌데, 먹은 횟수는 언제나 비슷하다. 외려 덥지만 맛있는 우동집에 간 기억이 더 많고, 기력이 딸려서 뜨끈한 동태탕을 먹은 경험이 더 많다. 물론 그것이 빅데이터 통계가 아닌 개인의 기록이기 때문에 의미는 없겠지만, 대한민국 식당 모두가 한여름이면 빨간 깃발에 냉면이라고 써진 계절메뉴를 팔 때 그것이 과연 어떤 경쟁력이 있는지를 묻고 싶다. 그렇게 팔아서 생활이 나아지셨냐고 묻고 싶다. 그래서 새로운 단골을 잡았냐고 묻고 싶다.

욕심일 뿐이다. 자기가 잘하는 메뉴를 해내는 것이 중요하다. 그래서 '역시 이 집은 한여름에도 온리원이야' 소리를 들어야 한다. 급조한 냉면, 막국수, 콩국수를 팔아서 여름 세 번을 보내나, 한결같이 내 음식으로 버티고 버티어 여름 세 번을 보내나 마찬가지다. 설혹 매출이 손해봤을 수도 있다. 그러나 세 번 여름에 입은 손해보다 더 큰 것을 얻게 될 것이다. 그것은 그 식당의 자부심이다. 그래서 그 집 음식을 신뢰하게 하는 엄청난 자양분이 된다. 바로 필자는 그런 것을 컨설팅하고, 이 책을 통해 그 쉬운 성공의 지름길을 알려주는 것이다.

맛창 컨설팅 보고서

브랜드의 힘이 없는 개인 배달집은
어떤 무기를 가져야 할까요?

창업으로 배달식당을 왜 할까?
손님은 배달음식을 왜 시킬까?

손님은 배달음식에서 무엇을 기대할까?
손님은 무엇으로 배달음식을 선택할까?
지금까지 배달업이 해왔던 패턴은 뭔가?
재구매를 위해 지금까지 해왔던 스킬은 뭔가?
진짜 재구매가 되던가?
진짜 만족하던가?

도대체 무엇으로 만족을 시켰는가?
앞으로도 그 정도라면 계속 이겨낼 수 있다고 믿는가?

배달식당의 메뉴판 문제점
배달식당의 메뉴판 개선책
배달식당의 메뉴판 포인트

언제 만들고, 동시에 만들려면?

메뉴 다양할수록 배달에 좋다?

식당에 찾아가서 먹는 밥이나
집에서 시켜서 먹는 밥이나
선택은 항시 "그거 제대로 하는 집"입니다.

PART 2 : 생각을 깨면 손님이 보인다

맛창 컨설팅 보고서

배달을 시킬 때 손님들은 정말 그걸 잘하는지가 궁금합니다.
시켰던 집이면 괜찮지만, 그렇지 않을 때 정말 음식이 제대로인지 걱정입니다.
그래서 리뷰를 봅니다. 그래서 진짜 리뷰인지 봅니다.
그러나 불행히도 리뷰는 리뷰일 뿐입니다. 실망이 더 큽니다.

그때!
만일!!
메뉴를 줄여서 노출한 집이 있다면 어떨까요?
어차피 내가 먹고 싶은 건 짬뽕이지, 잡채밥은 아니니까요.
짬뽕 하나만 배달하는 집이라면 어떨까요?

짜장은 배달하지 않는 짬뽕집!이라고 한 번 더 거들면 어떨까요?

뭘 먹을까………..를 고민하면서 책자(앱)를 뒤적거리는 사람과
'오늘은 치킨이야'
'오늘은 족발로'라고 정하고 뒤적거리는 사람 중에서
내 음식이 선택될 확률은 어느 쪽 일까요?

메뉴가 적으면(당장의 결과로)
1. 근방에 있는 사람들은 잘 먹지 않습니다. 질려서?
2. 반대로 메뉴가 많다고 오지도 않습니다. 실제 겪어보면!
3. 저도 제 동네 식당, 1년에 서너 번 겨우 갑니다.
4. 그런데 사람들은 기를 쓰고 메뉴로 승부합니다. 특히 배달은 더!

진짜 메뉴가 집중되면(온리원)
1. 멀리서도 찾아옵니다. 짬뽕 먹으러 군산도 가고, 공주도 갑니다. 심지어 비행기 타고 + 배 타고 마라도도 갑니다(물론배달은 거리가 있어서 제한적이긴 합니다).
2. 거리 제한은 있지만 배달할 때 경쟁자를 곧바로 제압합니다. 다른 식당의 유사 메뉴와 싸우지 않아도 선택됩니다.
3. 그게 먹고 싶어서 배달할 때는 선택의 순도가 높아집니다.

맛창 컨설팅 보고서

[온리원]

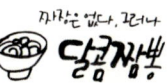
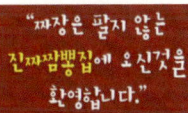

배달에서는 이걸 하면 안 되나요?
배달을 시킬 때 꼭 메뉴 선택지가 여러 개여야 좋을까요?

[차별화 포장]

좋은 방법은 아니지만
개인 배달집이 브랜드력을
뛰어넘고자 시도했던 홍보용 쿠폰

2005년도에 보쌈 용기로
피자박스 제작 ➡ 배달용기 차별화

PART 2 : 생각을 깨면 손님이 보인다

맛창 컨설팅 보고서

[음식사진]

어떻게 표현할 것인가?
얼마나 맛있게 보일건가?
이로운 포인트는!!

[음식사진]

점심메뉴
욕심까지…

전주의 한 족발집 컨설팅
1. 족발과 보쌈 거기에 식사메뉴까지 책자에 넣었습니다.
2. 어정쩡한 메뉴는 지우고 족발만 책자에 넣었습니다.
3. 당연히 없는 메뉴는 배달주문 없었지만, 족발은 확 늘었습니다.
4. 집중되니까, 그거 하나만 잘한다고 하니까 확 늘었습니다.
5. 심지어 홀 손님…………도 늘었습니다.
6. 재료관리가 좋아져서 품질이 더 나아졌습니다.
7. 매출이 나빠서 컨설팅을 요청한 식당이 1년 후 2호점을 차렸습니다.

식당의정성

008
잘 나가는 맛창 식당 case 4

삼척 <삼척수제비>
버스에서 내리면 스무걸음

● 삼척은 가보지 않았던 곳이다. 강릉이나 속초는 기억에 있지만 삼척은 없었다. 그래서 어떤 식당을 차리게 될지 스스로도 매우 궁금했다. 시외버스터미널 바로 앞에 식당이 있었다. 어머님이 30여 년을 해오던 소박한 자리였다. 지금이야 그렇지 한때는 그 터미널에도 많은 사람들이 드나들었을 것이다. 다만 지금은 자가용과 KTX 등으로 소도시 시외버스터미널이 한가해졌을 뿐인지 모른다.

터미널 앞이라고 하기에도 외람될 정도로 유동량도 없고, 그렇다고 대로에서 보이는 골목도 아니었다. 두어 번 가본 태백 시외버스터미널과 비교해도 삼척은 마냥 고즈넉했다. 그래서 어떤 아이템을 하던지 식당 자리로서는 고개를 저어야만 했다. 30년을 하신 어머니는 힘에 부치시고, 중년이 된 딸은 식당의 '食'자도 경험해 보지 못했던 초짜였으니 말이다. 그런 사정에 내가 컨설팅비를 벌자고 '식당을 하라'고 할 수는 없는 일이다. 필자의 거절에 기류가 달라졌다.

"어머니 건물이라서 임대료가 나가지 않는다. 이 조건을 활용하면 어떤가?"

"삼척이 어떤지는 몰라도 세가 부담될 도시는 아니다. 차라리 다른 상가를 임대해라."

"이 건물에 인테리어를 예쁘게 하면 되지 않겠는가? 거기에 당신의 컨설팅 솜씨를 입힌다면?"

"20평 남짓한 이 가게에 인테리어 예쁘게 한다고 식당이 되면, 망하는 사람이 왜 나오는가? 정말 하고 싶다면 나가서 해라. 외곽으로 나가서 인테리어를 예쁘게 하는 게 더 나을 것이다"

의뢰인은 하고 싶고, 필자는 거절을 되풀이하는 상황에서 '이 의뢰인은 내가 거절해도 반드시 다른 컨설턴트에게라도 요청할지 모른다. 그럼 그 사람이 나쁜 마음을 먹는다면 이것저것 과하게 뜯어낼지 모른다. 남이지만, 나에게 먼저 도와달라고 요청한 손이니 내가 잡아주는 것이 더 낫지 않을까'라는 생각이 들었다.

그래서 단서를 달았다. '이 자리에서 할 것' '투자는 최소로 할 것' 그리고 '메뉴는 무조건 내가 정한 것만 할 것'의 조건에서 지금의 〈삼척수제비〉가 차려지게 되었다.

많이 배운 컨설턴트는 어떤 경로로 아이템을 결정하고 업종을 제안하는가는 모르지만, 필자는 오직 경험과 관여도로 메뉴를 결정한다. 접근성의 관여도, 유동량의 관여도, 소비력의 관여도, 점주 경험의 관여도, 투자 크기의 관여도를 가지고 업종을 결정한다. 그 세세한 이야기는 필자의 9번째 책을 보면 이해가 될 것이다(《장사, 이번엔 제대로 해보자》는 필자 스스로가 자부하는 대표 도서이니만큼 관여도를 깨우치기 위해서는 반드시 읽어보기를 권한다).

점주의 식당 경험치가 극히 낮거나 거의 없다면 찬이 많은 한식 종류는 피하는 것이 좋다. 밥을 내주는 한식을 피한다면 일단 밀가루 쪽으로 좁혀진다. 거기에 전문 면으로 접근하면 기존의 면식 고수들과 싸움을 해야 한다. 동네 어디를 가던 칼국수 잘하는 집 있고, 우동이나 짬뽕 잘하는 고수들도 흔하다. 막국수도 차린다고 되는 음식이 아니고, 메밀소바는 더더욱 전문성을 요하는 음식이라서 안 된다. 그렇다고 어디서나 다 파는 라면을 팔라고 할 수도 없는 일이다. 그래서 결정한 것이 바로 수제비다. 수제비는 여러모로 장점이 있다.

첫째, 수제비는 전문점이 적다. 이유가 왜인지는 정확히 모르지만, 수제비를 함께 파는 칼국수집도 귀하다. 아마도 떼어 넣어야 하는 작업의 번거로움과 덜 대중적이라는 이유가 알게 모르게 있는지 모른다.

둘째, 수제비는 칼국수와는 다르게 면의 식감이 덜 중요하다. 칼국수는 국물에서 면을 건져 먹지만 수제비는 국물과 함께 떠먹고, 칼국수와 달리 크기가 일정치 않을 때 더 수제비스러운 맛을 느끼게 해준다.

셋째, 둘째와 같은 이야기지만 수제비는 국물과 함께 먹기 때문에 균일한 재료로 만든 칼국수와 비교할 때 맛이 더 난다. 의심스러우면 칼국수를 면만 건져서 먹어보고, 수저로 국물과 함께 억지로 면을 건져서 먹어보자. 어떤 게 더 맛이 나는지를.

넷째, 첫째의 이유가 여기서 다시 반복되는데 수제비만 하는 전문점이 적기 때문에 차리는 순간 전문점 반열에 오른다는 사실이다. 농담하냐고 말할지 모르나, 대중적인데 남들이 손을 대지 않았던 전문식당은 의외로 많다. 김밥도 그 중 하나다. 주부치고 김밥 못싸는 사람이 없지만 김밥 하나만 팔아서 외제차 타고 다닌다는 전설은 이제 모두가 아는 이야기다.

이런 이유 외에도 여러 가지 밝히지 못할 장점을 가진 이유 때문에 수제비를 결정하게 되었다. 그리고 한다 하는 수제비집을 찾아다니며 맛의 차이를 입으로 익혔다. 이때 중요한 것은 그 맛을 따라하기가 아니다. 수제비를 이렇게도 만들어 내는구나를 알아채는 게 중요하다. 맛은 절대적이지 않다. 어느 때 어느 상황에서 먹는가에 따라서도 같은 집의 음식 맛이 다르게 느껴진다. 그래서 맛에는 백점이 없다. 맛있다도 없다. 그 단어도 사실은 거짓이다.

'또 올만한 맛이다' vs '다시는 먹고 싶지 않다' vs '먹을 곳이 없으니 어쩔 수 없다' vs '우연히 지난다면 한 번은 더 먹을 수 있다' 정도로 나뉘는 것이 진짜 정답이다. 여기서 중요한 것은 '또 올만한 맛'을 만들어 내는가의 문제이다. '맛있다'는 힘들지만, '맛있게 먹게 한다'는 쉽다. 맛있게 먹는 장치는 여럿이다. '분위기가 좋아서 맛있다' '그릇이 예뻐서 맛있다' '친절해서 맛있다' '주차가 좋아서 맛있다' '화장실이 깔끔해서 맛있다' '직원이 멋져서 맛있다' 등등 수없이 많은 이유를 붙일 수 있다.

　그 중에서도 아주 쉬운 '맛있다'로 가는 지름길은 온리원일 때다. 이것저것이 아니라 그것 하나만 할 때 맛있다고 점수를 준다. 괜찮은 식당이라고 인정을 해준다. 이유는 단순하다. 어디를 가나 여러 개 십수 개의 메뉴를 선보이고 고르게 하는데, 딱 하나를 보여주고 이것 드시라고 배짱을 부리는 식당은 확실히 뭔가 다르다고 안심하고 믿기 때문에 손님이 맛있게 먹는 지름길은 메뉴를 확 줄이는 것만으로도 달성된다. 〈삼척수제비〉의 메뉴 역시 된장맛과 고추장맛 두 가지뿐이다. 그것으로 출발했다. 어머니는 30년 동안 온갖 여러 메뉴를 섭렵하면서 손님의 욕구를 충족시키며 지켜왔다. 그건 어머니의 시대에서 옳았던 일이다. 그러나 수년 전부터 진짜배기 음식점들은 하나에 올인했고, 그것을 몸으로 실천했다. 그 깊은 뜻을 깨우친 필자에게 컨설팅을 받는 식당은 그래서 메뉴가 단촐하다. 심지어 메뉴판이 휑할 정

PART 2 : 생각을 깨면 손님이 보인다

도로 옹고집이다. 그렇게 〈삼척수제비〉 역시 온리원으로 음식을 준비했다.

그 자리에서 최소한으로 투자하는 것과 식당을 눈에 띄게 하는 것은 다르다. 투자를 어디에 어떻게 할 것인가에 따라 결과로 가는 길은 달라진다. 그리고 그 맥을 잡아주는 것이 전문가다. 쓰지 말아도 될 돈과 쓰더라도 비용을 줄이게끔 포인트를 잡아주는 것이 진짜 컨설턴트가 할 일이다. 근사한 보고서로 기대감 따위만 갖게 하는 것이 아니라는 뜻이다.

간판은 사진에서 보는 것처럼 역곡의 〈동태한그릇〉을 흉내내었다. 그리고 근사한 슬로건을 달았다. 그러자 외관에 대한 궁금증, '진짜 수제비만 파냐?' '왜 그런 생각을 했냐?' '누가 수제비를 먹는다고?' '스무 걸음 넘는데 거짓말 아니냐?' '터미널이 아니라 버스에서 내리면 맞는 거 아니냐?' 는 등 소소한 시비로 시작부터 주목을 받기 시작했다.

둘이 먹다 하나가 죽을 맛은 분명 아니다. 그러나 한 번쯤 삼척에 다녀온 기념으로 들려도 아깝지 않은 집임은 분명하다. 삼척에 수제비 집은 오직 〈삼척수제비〉뿐이니까 말이다. 상호로 이미 승부를 짓고 들어간 그 솜씨니까 한 번 믿어봐도 좋을 것이다.

인테리어에 엄청난 투자를 하지 않고서도 주목받는 식당을 만들었고, 메뉴가 여럿이 아니어도 메뉴가 특별한 것이 아니어도 주목받게 만들었다. 바로 이런 것이 1등 식당을 차리는 평범한 진리다.

식당의정석

009
잘 나가는 맛창 식당 case 5

경기도 광주 <장지리막국수>
사계절 열두 달 문전성시

● 이번에 소개하는 막국수는 앞서의 수제비와 우동과는 전혀 다른 컨셉을 적용했다. 수제비도 수제비 자체의 맛에 초점을 두었고, 우동 역시 우동에 올린 닭튀김이라는 의외성으로 맛에 도전했다면 막국수는 맛은 열외였다. 그 까닭은 이미 아버님이 이천에서 소문난 막국수 집을 하고 계셨기 때문이다. 수제비나 우동 모두 초보 사장들이 그 음식 하나 개발하는데 수개월이 걸렸지만 <장지리막국수>는 예전부터 곁눈질로 배운 솜씨와 아들 식당에 아버지가 빠뜨리고 빼먹고 전수할 리 만무하였기에 <장지리막국수>는 처음부터 강력한 컨셉으로 준비하고 있었다.

사실은 처음부터 막국수를 생각했던 것은 아니다. 필자는 업종을 정하고 가게를 구하는 스타일이 아니다. 가게를 본 후에 그 가게에 맞는

업종을 나중에 제안하는 쪽이다. 경험상 그것이 훨씬 실패를 줄이는 방법이라고 굳게 믿는다. 머릿속으로 혹은 의뢰인과의 상의로 아이템을 먼저 결정하면 여러 가지 제한이 따른다. 이미 그 업종을 필요로 하는 상권이나 규모, 시설력, 월세가 파노라마처럼 흘러가기 때문에 정작 중요한 입지의 가치는 그런 것들과 타협될 수도 있다는 것을 알기 때문이다. 그래서 밥을 팔 것(낮부터 저녁까지)인지, 술을 팔 것(저녁부터 밤까지)인지만 의뢰인과 결정한다. 그 다음에는 아무것도 생각하지 말라고 권한다. 오직 얻을만한 가치가 있는지를 파악하고, 그것이 옳다면 그때 가서 업종을 결정해도 늦지 않음을 고지시킨다. 밥도 여러 종류다. 면 전문점도 밥이고, 찌개집도 밥이다. 돈가스도 밥이다. 한식이 아니어도 낮에 손님이 더 몰리게 한다면 그것이 밥집이다.

그러나 〈장지리막국수〉 사장이 보여주는 점포들은 마음에 차지 않았다. 그러다 지금의 자리를 만나게 되었다. 그때 필자가 참 마음에 들었던 것은 바로 길 건너편에 〈장지리해장국〉이라는 굉장한 식당이 자리하고 있었다는 점이었다. 온리원 식당이었다. 해장국 하나만 팔았다. 그것도 싸지 않은 가격 1만원에 해장국을 팔았다. 그리고 오래된 식당이었다. 해장국 하나로 수십 년을 버틴 식당이었다.

대부분은 그런 식당이 가까이 있으면 주저하겠지만, 필자는 다르게 생각했다. 같은 메뉴로 싸울 이유가 없으니 후발주자가 어떻게 행동하느냐에 따라 그 상권의 열매를 함께 따먹을 수도 있다는 점을 너무 잘 알아서다.

같은 밥이지만 노포는 해장국이니 우리는 다른 밥을 선택해야 했다. 찬이 없는 해장국을 하는 집이니, 찬이 많은 밥을 준비하면 그것도 좋은 제안이지만 문제는 초보에게 찬이 많은 식당은 과한 부담이다. 그래서 초보 사장에게 걸맞게 찬은 내주지 않으면서 건너편 강자와 어깨를 겨룰 수 있는 메뉴로 역시 면이 좋았다. 그리고 아버지가 이미 막국수라는 면 전문가였다. 이러니 메뉴는 그 자리 덕분에 막국수로 결정할 수 있었다. 만일 그 자리가 아니었다면 막국수는 하지 않았을 것이다. 연관이 있다고 무조건 메뉴를 제안하는 하수는 아니기 때문이다.

필자는 피자를 주는 컨셉을 만들어 전국에 광풍이 불게 했다. 그런데 하도 많은 식당과 체인식당에서 피자 서비스를 카피해서(재미있는

것은 기존에 장사를 하던 메뉴도 막국수였는데, 그 식당도 이미 피자를 막국수에 내주고 있었다) 그 카드는 더 이상 써먹지 않던 터인지라, 막국수에 어울리는 무기는 이미 불고기전골로 내정되어 있었다. 자리를 보고 막국수를 제안한 순간부터 말이다.

고기 주는 냉면은 이제 더 이상 새롭지 않다. 냉면에 구운 고기를 내주고 일타이피의 맛을 제공하는 컨셉은 사실 놀라운 것이었다. 그것이 보편화되어 이제는 당연시 여겨지는 것뿐이다. 그런데 그 놀라움에서 아쉬운 것은 가성비다. 눈으로 보고 놀랄 만큼의 양은 아니라는 것이다.

그런데 불고기전골은 다르다. 상당한 크기로 내줄 수 있다. 심지어 산더미처럼 쌓아서 입이 벌어지게도 할 수 있다. 그리고 거기에 들어가는 원가라고는 2인 기준해서 3천원이 채 되지 않는다. 물론 식당의 공식에 의하면 원가가 3천원이면 판매가는 1만원이다. 그쯤 된다. 모든 음식이 이 공식에서 벗어나지 않는다. 그러나 맛창의 원가공식은 이렇게 주고 아버지가 파는 막국수보다 1천원을 더 받으면 된다. 아버지는 이미 유명한 식당을 가졌다. 이제 시작하는 아들이 아버지의 막국수를 전수받았다고 그걸 따라잡으려 한다면 과한, 못난 욕심이다.

아버지의 막국수 노하우를 전수받기도 했지만, 2016년 3월에 오픈한 막국수집이 노포의 아버지 매출을 여름에 뛰어 넘었다. 그리고 8월에 방송 촬영으로 대미를 장식했다. 이렇게 주고도 남을까라는 '가격의 왕'이라는 주제로 방송된 것이다.

물론 아버지보다 높은 매출이지만 아버지보다 수익이 좋은 것은 아니다. 여전히 아버지의 수익은 경이롭다. 아버지는 불고기전골을 서비스로 내주지 않고도 비슷한 매출을 올렸기 때문이다.

그럼 실패한 결과일까? 매출은 아버지보다 높은데, 수익이 낮다고 아들이 진 게임일까? 당신의 막국수는 한여름 하루에 500만원을 팔아봤던가?

PART
3

Restaurant
food and drinks

맛창식 컨설팅의 당당한 성공 공식

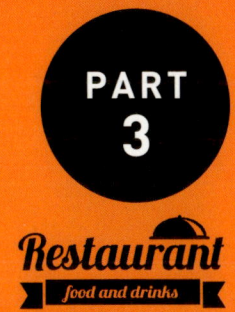

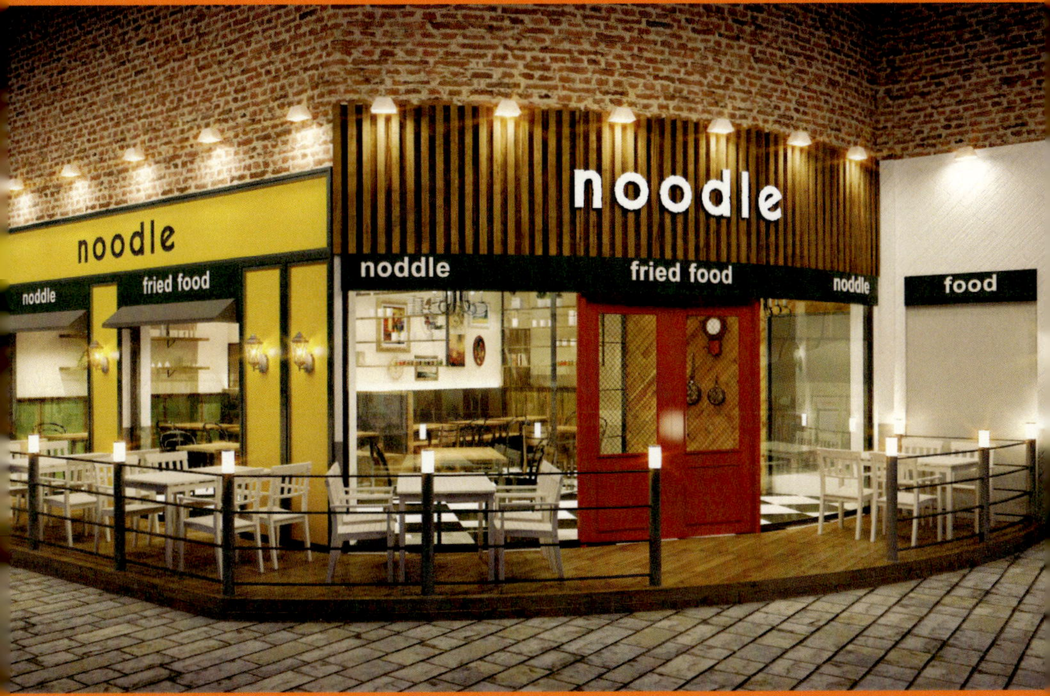

"**당**신의 컨설팅 승률은 어떻습니까?"라는 질문에 필자는 "8할은 치는 거 같습니다"라고 답한다. 야구에서 볼 때 3할도 대단한 타율이다. 그럼 창업이 야구보다 쉬울까? 그렇지 않다. 어렵다고 말은 못해도 그렇다고 쉽다고도 말할 수 없을 것이다. 그렇다면 필자는 어떻게 8할에 이르는 성공 승률을 갖게 된 것일까?

우선 무조건 컨설팅을 맡지는 않는다. 필자는 가급적 나와 코드가 맞는 고객과 일을 하는 편이다. 컨설턴트의 말을 인내하고 따를 수 있는 고객만이 컨설팅을 받을 수 있도록 원칙을 만들었다.

둘째는 스스로 공부하게 한다. 단칼해법은 절대로 없다. 본인이 공부해서 스스로 깨달아야 한다. 공부하지 않는 자에게 왜 1인 1식은 안 되는지, 라면 사리는 왜 테이블에 쌓아둬야 하는지, 찌개는 1인분 덜 주문하게 하는 것이 왜 좋은지, 선빵의 힘이 뭔지, 옆집보다 왜 가격을 더 비싸게 받는 것이 좋은지 등을 스스로 깨우쳐야 한다. 필자가 컨설턴트라고 따라오기만 하란다고 그것이 통할 리 없다. 당장은 하겠지만, 결국 자기 멋대로 자기가 알던 대로 식당을 경영하면 결국 원점으로 돌아가기 때문이다.

셋째는 먹을 것과 먹지 말아야 할 것을 구분한다는 것이다. 창업자에게도 주력에서 남기고, 주력이 아닌 것은 소마진이나 노마진으로 팔라고 권한다. 필자 역시 마찬가지다. 컨설턴트는 컨설팅 수수료만 챙기면 된다. 손님이 모른다고 권리금에서 챙기고, 시공에서 챙기고, 업체 소개에서 챙기는 것에 맛을 들이면 정작 중요한 컨설팅은 재미가 없어진다. 컨설팅에서 신뢰가 깨지면 만남은 그때뿐이라는 것을 필자는 잘 알고 있다.

001
경쟁자가 없는 곳으로 간다

● 과거에 필자는 1억원 미만의 창업은 손대지 않았다. 최소 1억 5천만원은 되어야 일을 시작했다. 그 이유는 서두에 밝혔듯이 자신이 없어서였다. 권리금이 최소 5천만원도 안 되는 자리를 골라서는 성공시킬 자신이 없었다.

그러나 지금은 1억원 미만이라도 별로 두렵지 않다. 이미 많은 식당을 그 액수로 만들어봤고, 성공도 시켜봤고, 체인사업까지 나가도록 만들었다. 물론 그 금액으로 필자와 함께 창업하려면 번듯한 도심창업은 생각에서 지워야 한다. 역세권 같은 곳에서도 못한다. 당신이 아는 번화가, 프랜차이즈들이 밀집한 곳에서는 차릴 생각을 아예 말아야 한다.

1억원도 되지 않는 돈으로 식당을 차리려면 첫째 조건은 나가야 한다. 그것이 가든형 외곽이면 좋고, 정히 외곽이 싫다면 동네 상권에서도 안쪽으로 들어가는 것이다. 경쟁자가 많지 않은 곳, 경쟁자가 많이 생겨나지 않을 곳을 찾아가는 것이다. 이건 매우 중요하다. 경쟁자가 나를 보고 따라할 수 있는 여지가 많다면 그 자리도 결코 바람직하지 않다. 잘되는 것을 알면서도, 자신이 없어서 따라하지 않고 부러워만 하는 그런 곳이어야 한다. 돈이 많은 경쟁자는 내 컨셉이 잘 먹히면 과감히 내 것을 카피해서 원조라고 대들기 때문이다. 필자 역시 필자가 만든 식당을 인수해서 자기가 본점이라고 우기고 프랜차이즈 사업을 하면서 필자를 거꾸로 겁박하는 ○○찌개 식당을 보고 황당했었다.

이건 매우 쉬운 이야기다. 경쟁자가 많은 변화가 도심에서 차리느냐, 그렇지 않느냐는 매우 쉬운 이야기다. 그럼에도 불구하고 왜 대부분의 사람들은 변화가 창업을 동경하고, 그걸 목표하는 것일까?

당연하다. 자신의 무기가 변변치 않음을 인지하고, 인정하기 때문이다. 강점은커녕 장점도 없으니 평균치의 실력과 무기로 싸워낼 방법은 유동량이 이미 완성된 자리, 소비력이 좋다고 소문난 자리여야 살아남는다는 본능적 판단 탓이다. 틀린 말은 아니다. 재주가 없어도 좋은 장사는 그런 몫이어야 한다. 어디서나 파는 편의점 물건들, 어디서나 동일한 값에 동일한 제품을 파는 신발, 의류점들은 그런 자리가 아니면 살아남기 힘들다. 내 집 앞에서도 그것을 구할 수 있는데 어찌 먼 거리를 달려와서 쇼핑을 할 것인가? 뭐가 다르다고.

물론 집 앞에도 김치찌개집이 흔하게 널렸다. 그리고 그곳에서는 줄 서서 먹을 의미가 없다. 그저 가까이 있으니까 소비하는 것뿐이다.

속말로 '진짜 이거 하나 제대로 하는 곳 없나? 더 이상 가깝다는 이유로 여기서 먹기가 곤욕이다'라고 생각하는 중이다. 아니라고 부인하지 말자. 동네 부동산이 입버릇처럼 하는 말이 있다. 식당을 구하려는 사람에게 "여긴 정말 먹을 만한 곳이 없어요. 제대로만 만들면 손님은 많이 올 거예요."(이건 사실 부동산업으로 해야 하는 멘트 그 이상도 이하도 아니다) 이보다는 "손님이 와도 모시고 갈 식당이 없어. 식당 수는 많은데 진짜 손님을 데리고 갈만한 곳이 없으니 참내 나라도 차리고 싶다니까"라는 말이 진정성 있는 말이다.

어떤가? 이 말에 부끄럽지 않게 당당하게 "우리 집으로 와보세요"라고 말할 수 있겠는가?

식당의 정석

002
창업비용의 거품을 없앤다

● 필자도 컨설팅 과정에서 이것저것 챙기게 된다. 인테리어 시공에서 챙기고, 주방설비에서도 일부 챙긴다. 그런데 다른 사람들과는 방법이 다르다.

우선 상당수의 컨설턴트는 상가 권리금에서부터 먹는다. 의뢰인은 그 가게의 권리금 수준을 모른다. 전문가가 이 정도면 괜찮다고 말하면 그게 맞는 권리금인 줄 안다. 그렇기 때문에 권리금에서 1~2천만원(본인이 받는 컨설팅 비용보다 큰 액수다)을 먼저 먹고 출발한다. 심지어 거래하는 부동산이 정해진 경우도 있다. 필자 역시 잠실에서 가게를 계약할 때 딱 한 번 부동산을 하는 친구에게서 500만원을 받은 적이 있다. 변명 같지만 물론 내가 달라고 한 것은 아니었다. 이렇게 주지 말아야 할 돈을 쓰게 하니 창업비용이 높아지는 건 당연하고, 권리금에서 챙겨먹기 힘든 소자본 창업자가 홀대받는 것은 어쩌면 당연하다.

그리고 인테리어와 설비에서 챙긴다. 체인 본사가 인테리어 비용에서 상당한 금액을 가져간다는 것은 익히 알 것이다. 10평짜리 김밥집에 들어가는 주방 설비비용만 4천만원이 넘고, 10평짜리 치킨집 리뉴얼 공사비용이 7천만원이라고 한다. 물론 필자가 아는 칼국수집처럼 일본에서 수입한 칼국수 기계 한 대를 2,500만원(대부분은 3천만원 이상을 받는다)에 넣어주는 양심적인 곳도 간혹 있다. 얼마 전 만난 빙수가게 주인은 본사에서 김치냉장고처럼 생긴 냉동고를 한 대에 1,800만원을 주고 사야만 했다. 그것도 두 대를. 실제 외국에서 들여온 그 기계의 현지 가격은 200만원 수준이라고 했다. 3,600만원을 주고 산 2개의 냉동고는 나중에 하나는 중고로 50만원에 팔고, 하나는 그마저도 팔지 못해서 고철값으로 넘긴 것으로 안다. 이렇게 인테리어와 설비 비용에서 여러분은 상상도 못할 거품에도 아무 소리 못하고 돈을 지불해야 한다. 그걸 주지 않으면 식당을 차리지 못하기 때문이다. 그 약점을 파고드는 것이다.

필자도 인테리어와 주방설비에서 수수료를 먹는다고 밝혔다. 홈페이지 첫 장에서도 공공연히 대놓고 밝힌다. 그럼 그 이유는 뭘까? 필자가 만드는 식당의 인테리어는 거품이 없다. 10평에 3천만원짜리 공사를 한 경우도 있지만(작으면 원래 평당 공사비가 커진다) 보통 평당 150~180만원 선이면 근사하게 가게를 차린다. 설비업체에 견적서를 준비할 때 "네고가 가능한 견적서는 애초에 보이지 마라. 높게 잡고 깎아주는 짓은 양아치나 하는 짓이다. 당신이 당당하게 받을 금액만

적어라"라고 한다. 100원 견적에 내가 가져갈 몫을 얹어서 120원 견적을 내는 것은 옳지 않은 일이다. 그러나 설비업체가 정직하게 낸 100원 견적과 업체가 얻는 수익에서 2~3원을 대가로 받는 것은 당당하고 정당하다고 할 수는 없지만, 그 고백이 부끄럽거나 하지는 않다.

대신 그 작은 찜찜함을 털어버리기 위해 창업자가 돈이 없으면 내 보증 아래 후불로 받고 시공하도록 하기도 하고, 양쪽이 불편한 경우에는 필자가 돈을 보태어 모자람을 채우기도 한다. 특히 주방설비 같은 경우에는 견적서에 사진을 첨부하여 어디서든 비교해서 같은 물건이 싸다면 거기서 구하라고 한다. 마진이 작은 품목은 평균 20%, 단가가 높아서 하나 팔아도 마진이 높은 것은 평균 15%를 붙이고 가격을 오픈한다. 그렇게 거래된 총액에서 필자가 받는 몫은 3%다. 주방설비에 1천만원을 지불했다면 30만원이 필자의 몫이다. 이것 때문에 필자가 내 거래처를 고집하지는 않는다. 얼마든지 싼 곳이 있다면 거기서 하라고 한다.

이밖에도 간판, 메뉴판, 정수기, 포스, 주류 등 식당에 필요한 모든 기자재는 단돈 10원도 챙기지 않는다. 혹시 업체에서 필자에게 사례하고 싶다고 하면 그 돈을 깎아서 점주에게 주라고 한다. 이러한 상황을 경험한 점주들은 그래서 "맛창은 정직하다"고 말한다. 반대로 컨설팅 비용은 싸게 부르고, 모든 거래처는 자신이 결정해야 한다고 말하는 컨설턴트의 속내는 뻔할 것이다. 안 그런가?

003
생각을 깨는 훈련을 반복한다

● 절대 남과 같아서는 살아남을 수 없다. 남과 같은 메뉴, 남과 같은 가격을 받아서 살아남으려면 그만큼 경험이 많거나 가만있어도 손님이 들어오는 자리여야 한다. 그러나 그런 경험이 있을 리 없고, 그런 자리를 구할 돈이 있는 것도 아니다.

그렇다면 생각을 깨서 전혀 다른 메뉴를 만들고, 전혀 다른 가격대를 만들고, 전혀 다른 만족도를 주는데 초점을 맞춰야 한다. 그런데 이게 쉽게 딱 되는 일이 아니다. 공부해야 가능하고, 그것이 훈련되어 생각조차 습관이 되어야 실천이 가능하다. 생각해 보자. 4명이 와서 김치찌개 2인분에 공깃밥 2개 추가해 달라면 누가 좋아할까? 물론 그런 사람도 흔하지 않겠지만 대부분 식당은 이런 경우 눈살을 찌푸린다. 손님이 많은 식당은 나가라고도 한다. 하지만 생각을 바꿔보자. 이처럼 예의없는 손님까지 모두 관리하자는 건 아니다. 테이블을 두 개 차지하고서 진상을 부리지 않는 한, 한 테이블에 4명이 앉던 1명이 앉던 누군가가 앉았다면 더 이상 그 테이블은 합석이 불가능하므로 미련을 버려야 한다.

 4명 온 손님에게 먼저 "찌개는 4명이 드시기에 3인분도 부족하지 않아요. 모자라면 라면 사리 마음껏 넣어서 드세요" 이렇게 말하기란 진짜 어렵다. 그래서 필자가 컨설팅한 식당을 보고서도 개인은 카피를 하기 어렵다. 체인점 정도라야 따라하면서 마치 자기들이 만든 최초의 컨셉인 것처럼 홍보할 따름이다. 예를 들어 피자를 덤으로 주는 경우 2명이 오면 10인치 피자를 준다(필자는 통 크게 시중에서 파는 대로 12인치를 줬다). 아무래도 아깝다는 생각이 들어서였을 것이다. 왜 찌개집에서 먼저 4인분은 팔지 않는다고 선빵을 날려야 하는지, 왜 피자를 무조건 12인치(30센티) 크기로 줘야 하는지를 모르기 때문에 못하는 거다. 모르면 어떻게든 알아봐야 하는데, 어디서 공부를 해야 하는지를 모른다. 하긴 그렇다. 대한민국 컨설턴트 중에서 온리원 메뉴를 권하는 사람이 필자 하나뿐이라면 믿겠는가? 아직도 다수의 컨설턴트들은 점심과 저녁 메뉴를 구분해서 짜주고, 여전히 신메뉴 개발로 돌파하라고 훈수하고 있으며, 계절 메뉴를 무조건 하라고 응원하는 사람들이 허다하다. 절대 필자와 같은 의견과 제안은 엄두도 못 낸다. 이것이 그들과 필자의 차이점이다. 유명세로는 필자가 그들의 발끝도 따라가지 못하지만 그래서 필자는 소리없이 8할을 치는 것이다.

회덮밥을 먹는데 회를 많이 주게 하는 집이 많던가? 결국은 푸짐한 야채와 비벼먹는 집이 많던가? 낙지덮밥은? 불고기덮밥은?

떡라면에 떡을 수북하게 내주는 식당을 본 적이 있는가?

아구찜을 시켰지만 결국은 콩나물찜을 먹고 있던 본인에게 화가 난 적은 없던가?

필자가 만든 식당은 바로 이것이 다르다. 이 쉬운 것을 몸은 물론이거니와 생각까지 습관화시키라고 매일처럼 홈페이지를 통해 째려보고, 지켜본다.

식당의정석

004
온리원을 결정한다

● 최근에 만든 우동집에는 포스터가 하나 붙어 있다. 한쪽에는 여러 가지 우동 사진이 있고, 반대편에는 딱 하나인 닭튀김우동이 있다. 질문은 간단하다. "어떤 선택이 실패하지 않을까요?"

이 책을 읽는 여러분도 생각해 보자. 우동 한 그릇만 파는 식당과 우동만 10가지 종류를 파는 식당. 어디를 선택할 것인지 말이다.

예전에 쓴 책에서 서두를 '넘버원이 온리원은 아니지만, 온리원은 넘버원이다'라고 썼다. 지금도 그 생각에는 변함이 없고 앞으로도 변함 없을 것이다. 1등 식당이라고 가보면 의외로 허전한 곳들이 많다. 여러 가지 메뉴를 하느라 정신없고, 본말이 주도된 가격이나 소문난 그것 외에는 나머지는 허접하기까지 하다. 그러나 그것 하나만 하는 식당은 대체로 상당히 만족도가 높다. 왕돈가스 하나만 하는 집, 된장찌개 하나만 하는 집, 연어덮밥 하나만 하는 집, 라면도 딱 하나만 하는 집이 소문나 인구에 회자중이다. 온리원 메뉴를 파는 식당치고 망했다는 말을 들은 기억이 적다. 대부분 망한 식당은 여러 가지, 수십 가지 메뉴를 가진 식당들이다.

안전하다고 생각해서 늘린 메뉴가 결국에는 경쟁력을 잃게 하는 지름길이 되어 4~5년의 시간은 흘렀지만 지난달 생긴 불고기 하나만 파는 집에 밀리고, 갈비탕 하나만 파는 집에 밀리는 현실을 받아들여야 한다. 그 이유를 모르고, 맛이 떨어졌는가 점검하는 주인을 보면 허탈하다. 분명히 손님으로서의 선택을 스스로 해보면 쉽게 알텐데 말이다.

맞다. 매일 먹는 밥을 챙겨서 찾아다닐 수는 없다. 점심시간이 넉넉한 사업가나 회사 임원이 아니라면 주어진 1시간을 알차게 쓰는 게 더 중요하다. 생각해 보자. 그런 그들이 점심 한 끼에 얼마를 쓸 수 있는 지를. 돈 잘 버는 신랑을 둬서 점심마다 곳곳의 식도락을 투어하는 아주머니들을 그렇게 잡으라고 해도, 왜 돈 없고 시간 없는 샐러리맨 공략에 심혈을 기울이는지 도통 이해할 수 없다. 그 시장에 뛰어들어 갈

라먹기에 동참하고자 그 많은 권리금과 그 높은 월세를 스스로 내겠다고 자청하는지 진짜 이해하기 어렵다.

육개장, 설렁탕, 된장찌개, 부대찌개, 칼국수, 냉면, 거기에 돈가스, 비빔밥까지 다 판다. 심지어 삼겹살도 팔고, 샤브샤브도 판다. 그렇게 5년을 버텼다. 대단하다. 그렇게 하면서 5년을 버텼으니 정말 축하할 일이다. 그런데 필자는 그 식당 옆에 초보의 식당을 아무렇지 않게 차릴 수 있다. 된장찌개 하나만 들고서도 차릴 수 있다. 누구나 다 하는 비빔밥 하나로도 기꺼이 차려서 싸워보자고 말을 걸 수 있다. 바로 그게 온리원의 힘이다.

005
판매가를 높게 잡는다

● 대한민국 식당의 판매 원가는 대부분 35% 선이다. 마진이 남달리 좋은 감자탕이나 면은 이보다 낮다. 그러니 그 집들이 같은 매출이라면 당연히 모두 즐거운 것이다. 문제는 경쟁력이다. 남들보다 잘되기 위해서는 잘 줘야 한다. 이걸 모르는 사람은 당연히 없다. 중요한 것은 어떻게 해야 잘 주는지에 대한 답이다. 그걸 모른다. 그러나 그건 아주 쉽다.

옆집보다 경쟁자보다 가격을 더 높게 잡으면 된다. 그걸로 해결된다. 주변의 칼국수가 6천원이라면 나는 7천원을 받는다. 그리고 더 받은 1천원을 몽땅 원가에 투입하면 된다. 그럼 6천원짜리와 비교할 때 손님은 내 것을 칭찬한다. 물론 1천원에 목숨 거는 손님들은 내 식당에 오지 않을 것이다. 그런 손님은 포기하면 된다. 어차피 모든 사람을 내가 거둘 수는 없는 일이다. 라면은 3천원, 떡라면은 3,500원이라고 할 때 500원에서 남길 생각을 하지 않으면 되는데, 그 500원에서도 조금 더 남기려고 애쓰니까 떡라면의 가성비가 일반 라면에 비해 확 달라지지 않는 거다.

당신이 만일 횟집이라면 5만원짜리 광어회를 55,000원으로 올려라. 그리고 그 올린 5천원을 손님에게 되돌려줘라. 무엇으로? 그건 너무나 쉽고 그것 때문에 당장 매출이 50%는 뛸 수 있기 때문에 숙제로 돌리겠다(이야기를 쓰다보면 어딘가에서 깜빡하고 공개할지 모르니 자세히 읽어보기 바란다).

아구찜을 상대적으로 싸게 팔아서 체인점을 늘리는 곳을 봤다. 쌀국수를 정직하게 받아서(?) 장사가 잘되는 식당을 봤다. 그것도 좋은 전략이다. 싸게 파는 것 역시 아무나 쉽게 결정할 수 있는 일은 아니기 때문이다. 최근에 성업 중인 무한리필 삼겹살을 보자. 어떤가? 그걸 진짜 해낼 수 있겠는가? 도전할 마음이 생기는가?

판매가를 남보다 높게 잡으면 그만큼 여유가 생긴다. 이때 그 여유를 탐하면 안 된다. 그건 경쟁력을 갖추기 위해 챙겨낸 액수다. 그래서 손님을 위해 써야 한다. 그렇게 해서 같은 돈가스, 같은 오징어덮밥을 팔면서도 손님이 우리 집에 더 오게끔 해야 한다. 나아가 경쟁자가 쓰러지게 해야 한다. 그렇게 요긴하게 써질 1천원에서 조급하게 거기서부터 몇 백원이라도 챙기려고 애쓰지 말아야 한다. 물론 이것 역시 훈련이 되어야 가능한 일이다. 식당 공부가 몸에 익어서 습관화되어야 해낼 수 있는 일이다.

필자가 남들처럼 라면 한 그릇에 3천원 받는 식당을 차려줘서 손님이 줄 서게 할 묘수는 없다. 그러나 5천원을 받는 라면집은 얼마든지 차릴 수 있다. 손님을 줄 세우게 할 수 있다. 알겠지만 이건 당신도 마찬가지다. 얼마든지 스스로 5천원짜리 라면으로 인구에 소문나게 할 수 있다. 올린 2천원을 당신이 탐하지 않는다면 말이다.

식당의 정석

006
주력품 외에는 마진을 포기한다

● 도대체 골고루 마진을 남겨야 한다는 것은 어디서 배웠을까? 라면집에서 라면 팔아서 승부 보면 되었지, 떡라면의 그 떡에서 300원을 기어이 챙겨야 할까? 부대찌개집에서 부대찌개 많이 팔면 되지, 사리를 끼워 팔아서 거기서 남는 마진으로 돈 모아서 집을 살 것인가?

물론 티끌 모아 태산이라고 했다. 작은 돈도 소중히 모아 쌓아야 부자가 될 것이다. 그런데 지금 당신은 부자가 되느냐에 대한 갈림길이 아니다. 살아남을 것인가에 대한 생존의 문제다. 인구 70명당 식당이 1개인 대한민국에서 당신의 식당이 살아남을 것인가에 대한 이야기를 하는 중이다.

전쟁터에서 총알이 수백 발이고 수류탄이 한 상자면 뭐하겠는가? 이미 당신은 적의 총에 쓰러졌는데 말이다. 숨이 넘어가기 직전인데 총알과 수류탄이 진수성찬이면 뭐할 것인가?

나라에서 당신은 이 메뉴부터 이 메뉴까지 하라고 정해준 게 아니고, 당신 스스로 만들어 올린 메뉴판이다. 거기에 값을 붙이는 것도 당신이다. 그러니 그래놓고 팔리지 않는다고 짜증낼 이유가 없다. 아무도 그걸 권하지 않았다. 팔리지 않으면 메뉴판은 아무 쓸모 없는 종이라는 것을 경험해 보면 알 것이다. 팔리게 해야 한다. 주연을 돋보이게 해야 한다. 내가 팔고자 작정한 그것을 위해서 모든 것을 희생해야 한다. 그게 바로 경쟁력이고 컨셉이고 스토리다.

여러 가지 메뉴에서 김치찌개 하나를 특별히 잘 팔고 싶으면 거기에 스토리를 입혀야 한다. '해남에서 내 외할머니가 애지중지 키운 배추로 만든 김치찌개'라고 의미를 남다르게 부여하면 그게 주력이 될 것이다. 매출 리더, 매출 선봉장이 될 것이다.

김치찌개를 돕는 조력자가 알차서 그 매출이 뛰어나게 하고 싶다면, 김치찌개의 짝꿍인 라면 사리를 공짜로 내줘도 좋고, 매운 김치찌개를 부드럽게 만드는 계란찜을 노마진으로 3천원에 푸짐하게 내줄 수도 있다. 당신의 식당은 김치찌개집이다. 라면 사리집도 아니고, 계란찜집도 아니다. 간판에 없는 메뉴를 가지고 거기서 마진을 보겠다는 생각을 버리는 순간, 너무나도 무기가 풍족함에 새삼 놀라게 될 것이다. 모든 것이 김치찌개를 위한 지원군이 될 수 있음을 알게 되면 내일부터 손님이 즐거워하는 모습이 쉽게 떠올려질 것이다.

다른 것들은 마진을 비우자. 그러면 어떤 것은 가격이 특별하게 싸질 것이다. 반대로 어떤 것은 남들과 같은 가격이지만 양이 엄청나게 될 것이다. 어느 쪽이든 상관없다. 양쪽을 번갈아 써도 좋다. 중요한 것은 그 모든 것이 김치찌개 하나를 잘 팔기 위한 테이블세터(중심 타자가 타점을 올리도록 주자가 나가야 하고, 그 역할이 바로 야구에서 1, 2번이다. 이들이 있으면 4번 타자의 홈런은 3점 혹은 4점이 되기도 한다. 이들이 맥을 못추면 영양가 없는 솔로 홈런이 될 뿐이다)라는 사실을 잊지 않으면 장사는 점점 쉬워짐을 알게 될 것이다.

감자탕집 메뉴판에는 뼈 추가가 있다. 그 어떤 사람도 뼈 추가만으로는 먹을 수 없다. 먼저 시킨 감자탕이 있어야 뼈 추가가 가능해진다. 그렇다면 그 뼈 추가는 덤이다. 손님이 만족하게 할 수 있는 아주 끝내주는 카드다. 이미 감자탕을 팔아 거기서 원하는 마진을 남겼다. 그렇다면 추가로 시킨 뼈는 노마진으로 듬뿍 줘도 된다. 그걸 알게 된 손님들은 무조건 뼈를 추가해서 먹게 될 것이다.

"이 집은 감자탕도 맛있지만, 반드시 뼈를 추가해야 해. 그래야 남는 장사야"

이런 제안에 어떤 식당 주인은 이런 말로 필자를 공격했다.

"그럼 모두 감자탕 전골 小자를 시키곤 뼈를 추가해서 먹을 거 아닌가요? 그럼 中자와 大자는 팔리지 않잖아요. 그게 뭐에요?"

이러면 정말 웃음밖에 안 나온다. 그럼 지금처럼 小中大를 잘 팔아 보시라고 하고 만다. 지금 생존을 위해 컨설팅을 받으면서 손님 많아 졌을 때 남는 것을 걱정한다면 시작도 하지 않고 컨설팅을 포기한다. 그런 사람은 반드시 손님이 늘어나면 이 핵심을 버릴 사람이기 때문이다.

하나만 묻고 싶다. 손님은 감자탕 뚝배기 6천원과 감자탕 전골 소자 25,000원 중 어느 것이 더 낫다고 생각할까? 전골 소자를 2인분이라고 우기는 식당이라면 과연 누가 뚝배기 2인분 대신 전골 소자를 시키겠는가?

보쌈을 먹을 때도 마찬가지다. 고기 추가를 하면 아깝다. 돈이 아까우니까 처음 시킨 보쌈으로 마무리를 한다. 첫 보쌈은 어쩔 수 없이 돈을 쓰지만, 추가 1만원을 아깝게 버리느니 2차로 다른 집을 가겠다고 일어서는 것이다. 그럼 누가 손해일까? 보쌈 고기를 덜 먹은 손님이 손해일까? 아니면 손님에게 "여기 오면 늘 고기로 배를 채우고 갑니다"라는 소리를 듣지 못하고 내보내야 하는 식당이 손해일까?

지금 그것이 갸우뚱하다면 지나가는 손님을 데려다 물어보자.

식당의정성

007
한마디의 말도 다르게 표현한다

● 한마디의 멋진 말은 곳곳에서 써먹을 수 있다. 상호를 보완하는 슬로건에도 써먹을 수 있고, 필자가 도화지라고 믿는 유리창에서도 써먹을 수 있다. 메뉴판은 물론이거니와 화장실에도 빛을 발한다. 들어오는 손님을 무장해제시키기도 하고, 계산하고 나가는 손님을 웃게도 만든다. 이처럼 말 한마디로 천냥 빚을 갚는 일은 식당 곳곳에서 가능하다. 어쩌면 그것은 문장력이 좋거나, 카피라이팅 실력이 좋아야 가능한 일인지도 모른다. 하지만 내가 할 수 없다면 그것을 잘하는 사람에게 부탁하면 된다. 연애편지 술술 써내려가는 사람은 주변에 의외로 많다. 라디오에 사연을 보내어 줄줄이 당첨되는 글쟁이도 내 곁에 바로 있다.

'돼지갈비 하나만 팝니다'도 강렬한 표현이다. 돼지갈비 딱 하나만 파는 집도 귀하기 때문이다. 그런데 여기서 더 나가보자. 더 다르게 표현해서 주목받게 해야 한다. 어쩜 저런 멘트를 날릴 수 있을까 궁금하게 해야 한다.

'돼지갈비 하나만 팝니다. 목살은 가져오시면 구워드려요'

(아이러브 돼지갈비)

'돼지갈비 하나만 팝니다. 삼겹살은 앞집에서 드세요'

(웃는 곰갈비)

둘 모두 필자가 만든 식당이다. 간판에도 이렇게 써두었고, 유리창에도 이렇게 안내했다.

'아버지가 키운 소, 아들이 파는 집'은 이미 짝퉁이 생겨났을 정도로 퍼졌다.

'어머니의 부엌에선 손님도 아들입니다'

얼마나 근사한 말인가? 여기에 무수한 의미가 담겨있음을 꼭 설명해야 하는가?

백문이 불여일견이다. 실제 필자의 말 걸기를 한 번 구경해 보자.

맛창식 카피 만들기

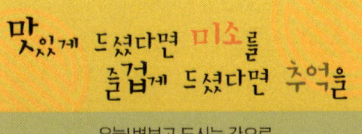

오늘! 벽보고 드시는 값으로
수제비는 **한그릇**에 **5천원**입니다.
까딱하면 이자리, 예약하셔야 합니다. 호호

매일 반죽하고 매일 끓여서
참 괜찮은 식당이 되고! 싶습니다.

반죽하랴
치대랴 물끓이고
육수 만들어
채소 씻고, 손질하고
일일이 떼어 만드는
휴...

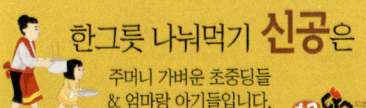

주머니 가벼운 초중딩들
& 엄마랑 아기들입니다.

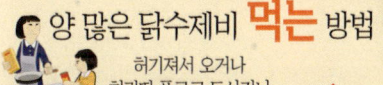

허기져서 오거나
허리띠 푸르고 드시거나

다...관두시고
**한그릇
주문하세요**
주문만 하시면
뚝딱!
대령~하겠습니다.

지금은 **꿈**이
삼척수제비지만...
결국엔
진짜 삼척엔 **수제비**
그 이름 **다짐**하면서
한그릇씩 만듭니다.

엄마의
33年
이제 딸이 갑니다.

국밥 한그릇 드시러 왔다가 **모둠순대**에 놀라시는 당신

맛창식 카피 만들기

Pizza는 샐러드가 **짝꿍**입니다.
짝꿍값은 받지 않습니다.

산보에 **목**마르시면 **기**꺼이 **물 한잔** 내드립니다.
슬쩍 들어오세요.

국내산 냉장 돼지갈비
퇴근길에 **한잔** 어떠세요?

삼겹살은 **팔지 않지만,**
돼지갈비는 **진짜배기**를 합니다.

재주가 많아서
여러가지 음식을 하고 싶지만 식당이 작습니다.
솜씨가 좋아서
다양한 음식을 선보이고 싶지만 욕심이 적습니다.
하나라도 잘해서
"우동이 생각날때 찾는 집!"이 되고 싶습니다.
우동한그릇 잘해서
"맛집이 생각날때 떠오르는 집!"되겠습니다.

11時 반에 첫 주문을 받습니다.
그리고 4시에 식당을 닫습니다.

해가 중천인
낮에만 **우동**을 팝니다.

우동 한그릇에만 **집중**하기 위한
다짐입니다.

딱 **세번만** 와주세요
어떡하든
기억하겠습니다.

좋은 선택은
달콤우동이구요.

더 좋은 선택은 **닭튀김우동**입니다.
우동의 고명은 같고,
닭튀김이 있고, 없고의 차이랍니다.

두물머리에서 **한옥식당**으로
조용한 **입소문**이 시작됩니다.

해물과 아구의 **합창!**
해물찜 하나에만 말 겁니다.

식당의 정성

008
잘 나가는 맛창 식당 case 6

제주 <보스코화덕피자>
제주도 한라수목원 화덕피자

● 제주도는 부산보다 자주 가는 곳이다. 워낙 싼 비행기 값 덕분이다. 별일이 없어도 바람 쐬러 가는 제주에서 연락이 왔다. 제주시 부근의 한라수목원 초입에 있는 화덕피자집에서였다. 근처에서 장사하는 선배가 필자의 책을 읽고 컨설팅을 받아보라고 권했다는 말에 서슴지 않고 컨설팅을 요청했다.

작고 예쁜 식당이었다. 그리고 피자 맛도 상당히 훌륭했다. 무엇보다 서울이 아닌 제주도에서, 그것도 수목원 가는 길에 있는 한가함에서 맛보는 그 영향도 매우 컸을지 모른다. 이처럼 음식은 언제 어떤 이유로 먹는가에 따라서도 그 맛이 달라지는 것이다.

그런데 왜 이런 식당에서 매출이 오르지 않는 것일까? 그 이유는 바로 가성비였다. 이거다 하는 포인트가 없었다. 이 돈을 주고 꼭 여기에

서 먹어야 한다는 경쟁력을 갖고 있지 못했다. 그건 사실 〈보스코〉만의 문제는 아니다. 어떤 식당에 가든지 필자의 기준을 충족시키는 식당은 보기 힘들다. 아주 단순한 생각 비틀기를 여전히 하지 못하고, 팔리지도 않는 메뉴의 마진을 먼저 생각하는 그런 장사습관이 마냥 안타까울 뿐이다.

예쁜 화덕피자집에서 받는 피자 값으로는 비싸지 않았다. 그렇다고 그것이 경쟁력이 있는 가격이라는 뜻은 아니다. 기꺼이 손님이 OK 할 수 있는 가격은 아니라는 점이다. 바로 그 부분이 중요하다. 정말 형편없는 한식당의 음식처럼 "당신이 손님이라면 이 가격에 사 먹겠는가?" 까지는 아니지만, 피자에 들어가는 원가를 나름 알고 있는 입장에서 〈보스코〉의 피자 값은 건드릴 수 있는 원가가 분명히 있다고 판단했다.

몇 가지의 질문만으로 사실 〈보스코〉는 내일이 기대되는 피자집으로 탈바꿈할 수 있었다. 자신할 수 있었다. 약속해도 좋았다. 필자의 컨설팅에 이런 확신이 드는 것은, 손님이 좋아하고 만족하는 상차림을 만들 자신이 어디서든 찾아낼 수 있기 때문이다.

"직접 만들어 보니 실제 피자의 원가가 얼마인가요?" 바로 이 질문 하나면 된다.

여기서 하수의 컨설턴트는 가격을 원가 수준에 맞도록 내리라고 한다. 그러나 필자는 반대다. 원가를 50%까지 늘리라고 한다.

손님은 싼 가격을 찾지만, 실제 자신이 싼 소비를 하고 있음을 인정하지 않으려고 하고, 그것을 남에게 들키지 않으려고 한다. 그래서 싼 식당을 다닐 때는 남의 눈에 걸리지 않게 본인만 혹은 끼리끼리의 무리만 다닌다. 그러나 반대로 비싼 식당을 다닐 때는 동네방네 알도록 폼 잡고 노출한다. 마치 '나 이런데서 밥 먹어'를 자랑하듯이 말이다.

실제로 〈보스코〉는 피자의 가격을 낮춰서도 팔아봤다고 한다. 그랬더니 손님이 좀 늘더란다. 그러나 짧은 시간이 지나자 매출은 이전과 다름없이 하향평준화였고, 그래서 그렇게 팔 바에야 가격이나 남들 받듯이 받자고 다시 올렸다는 말을 들었다. 그런 법이다. 가격으로 승부하면 될 것 같지만, 엄청난 할인가가 아닌 다음에야 반짝이다. 15,000원의 피자를 12,000원에 내려서 팔았지만 결과가 신통치 않았다는 뜻이다. 그럼 이건 간단한 방법으로 해결된다. 이 책 곳곳에서 설명하는 '맛창' 식 산수법이다.

1) 피자 가격을 3천원 내린 12,000원이라고 마음을 먹는다.

2) 그러나 메뉴판에는 여전히 15,000원이어서 손님은 싼 피자를 먹

는 겸연쩍음이 없다. 그리고 마음을 비운 3천원으로 가성비를 채우는 것이다.

피자에 토핑으로 3천원을 보태는 방법도 있다. 그러나 그게 눈에 확 띄는 묘수는 아니다. 피자와 함께 먹는 다른 것은 어떨까? 3천원으로 샐러드를 만들어주면 그 샐러드의 값은 최소 1만원에 육박할 것이다. 어라? 15,000원짜리 피자를 주문했는데, 1만원짜리 샐러드를 공짜로 내주는 집이다.

손님은 어떤 산수를 할까? 혹시 샐러드 값을 피자에서 빼서 피자는 겨우 5천원에 먹는다고 산수하지 않을까? 혹은 25,000원어치를 주문했는데 1만원을 빼주는 산수로 보지는 않을까?

이게 바로 가격을 내리지 않고 가성비를 만들어주는 아주 손쉬운 방법이다. 손님에게 싸게 팔지도 않지만, 실제 손님은 속으로 매우 싼집이라고 계산하며 즐겁도록 하는 방법이다. 절대 어렵지 않다. 누구나 다 이 공식으로 가성비를 만들어낼 수 있다.

식당의 정석

009
잘 나가는 맛창 식당 case 7

전남 <화순집>
시골 골목길에 숨은 닭칼국수

● 필자가 클리닉(누구의 도움을 받았건 필자와 무관하게 먼저 차린 식당이 아프고 힘들어 도움을 청하는 것)을 한 식당 중 참 난감한 자리에 있는 식당이 있었다. 그러나 새로운 신규 식당을 자리부터 엄선해서 만들어 주어야 하는 상황에서 이 <화순집>처럼 말도 안 되는 자리에 식당을 차려준 것은 이때가 처음이었고, 이후로는 절대 있을 수 없는 그런 자리에 <화순집>이 있다.

세를 내는 장사는 힘에 부쳐 절대 해서는 안 된다는 어머님의 완강한 말씀에 살 집을 먼저 구하고, 그 집 1층을 식당으로 꾸미는 창업이 이 프로젝트의 핵심이었다. 애초부터 이 계획을 알았더라면 컨설팅을 맞지 않았을 것이다. 그러나 일을 맡고 진행하는 과정에서 자꾸 이 상황이 유력해졌다. 그래서 결국 필자는 '여기에 식당을 차려주기는 하지

만, 절대 이 식당을 내가 컨설팅해서 만들어줬다는 소리는 하지 않기'라고 약속을 단단히 하고, 망해도 어쩔 수 없다는(솔직히 그런 마음이 전혀 없지는 않았다) 심정으로 차려준 식당이 바로 화순에 있는 〈화순집〉이다.

나쁜 자리에서 망하지 않는 방법이 있다. 아주 쎈 카드로 손님을 감동시키는 것이 바로 그것이다. 무조건 온리원은 기본이다. 이것저것은 절대 금물이다. 시간이 걸려도 하나만 한다는 소문이 나야 한다. 거기에 망했다고 생각하고 퍼주는 것(원가를 많이 투입)이라면 면피를 할 수도 있다. 심지어 잘될 수도 있다. 그만큼 주는 곳이 세상천지 거기라면, 손님은 꼬리에 꼬리를 물지도 모른다.

하여간 그런 각오로 차려준 식당이 바로 〈화순집〉이고, 온리원으로 해물칼국수 하나만 했다. 해물이 산더미처럼 올라간 칼국수는 기대보다 일찍 터졌다. 망해도 어쩔 수 없다는 자리에서 손님들이 줄을 섰다. 주말에는 그 시골 골목길에서, 식당이라고는 딸랑 하나 있는(다른 사람들도 그런 자리에는 절대 식당을 차리지 않으니까) 그 자리에서 한 시간씩 줄을 서서 먹는 진풍경을 만들었다.

1년이 지나자 〈화순집〉은 온리원의 메뉴를 바꿨다. 하루 100kg의 바지락 해감에 두손두발을 들어서였다. 칼국수로 소문을 냈으니, 다음 온리원 메뉴도 역시 칼국수였다. 그러나 해물이 듬뿍 올라간 칼국수의 가성비를 대체할 수 있는 칼국수가 무엇인가가 중요했다.

당시 평소 필자가 관심을 가지고 런칭했던 것이 닭칼국수였다. 그래서 〈화순집〉의 바지락칼국수를 그 닭칼국수로 메뉴를 변경했다.

닭칼국수는 이미 시중에 많이 있는 메뉴다. 초계국수라는 이름으로 오래 전부터 팔리고 있고, 흔하지는 않지만 그렇다고 닭칼국수가 대단히 새로운 메뉴도 아니다. 대신 필자는 가성비를 중시하는 사람인지라, 먹기 좋게 찢어서 올린 초계국수 스타일이 상품성으로는 약하다는 판단을 하고 있었다.

 그래서 살을 찢지 말고 통으로 올린 닭칼국수를 만들었던 것이다.

 특히 필자는 같은 메뉴로 연이어 식당을 만들 때도, 그 집의 특성을 독창화해서 컨셉을 달리 잡아준다. 그러다보니 〈화순집〉을 다르게 만들어야 했다. 그래서 〈화순집〉은 1인분 칼국수를 팔지 않는다. 사진에서 보듯이 2인분, 3인분으로 만들어 크게 판다. 물론 3명이 2인분을 시켜도 되고, 4명이 3인분을 시켜도 그만이다. 정해진 값은 1인분에 9천원이지만, 3명이 먹으면 동태탕처럼 1인당 6천원에 먹을 수 있는 것이다.

 그렇게 〈화순집〉은 닭칼국수라는 메뉴로 변신했고, 이전에 줄 세우던 만큼은 아니지만 하루에 바지락 100kg를 씻는 노동의 강도에서 벗어나 즐겁게 장사를 하고 있다. 온리원이라는 사실은 바뀐 것이 없기 때문에 주말에는 여전히 시골 골목이 마비되는 신나는 광경을 만끽하면서 닭칼국수를 팔고 있다.

식당의 정석

010
잘 나가는 맛창 식당 case 8

광주 <탱고아구찜>
아구찜은 콩나물찜이 아닙니다

● 아구찜을 시키면 콩나물이 산더미다. 그 속에서 아구를 찾는 재미는 하나도 즐겁지 않다. 비싼 값(보통의 아구찜 소자 가격이 3만원이 넘는다)을 주고 시킨 아구를 골라내어 먹어야 한다는 사실이 싫어서 1년에 한두 번 정도 아구찜을 찾을 뿐이다. 도대체 아구찜을 파는 곳은 널렸는데 왜 이다지 마땅한 식당이 없는 것인지 참 답답하다. '아구찜은 콩나물찜이 아닙니다'는 사실대로만 음식을 만들면 매출은 훨씬 좋아질텐데 말이다. 팔리지 않으면 매출과 수익 모두 제로라는 사실을 왜 그리도 못 깨닫는지 모를 일이다.

<탱고아구찜>의 원래 상호는 다른 이름이었다. 그것을 '탱고'라고 바꾸었을 뿐이다. 신나게 매운 맛을 즐겨보라는 은유적 표현으로 지은 상호다.

클리닉을 요청받고 식당을 방문해 "손님에게 내주듯이 똑같은 양과 찬으로 小자를 만들어주세요"라고 주문했다. 그리고 지극히 당연한 질문이 이어졌다.

"원가는 얼마인가요?"
"맛이 왜 이런가요?"
"당신이 손님이라면 이 음식을 또 먹겠습니까?"
"귀한 손님을 모시고 와야 하는 이유가 여기에 있나요?"

〈보스코〉가 맛창식 원가를 맞추기 위해 피자에 토핑을 쓰지 않고 샐러드를 짝꿍으로 만들었지만, 아구찜은 아구가 기본이다. 그게 목적이다. 그렇다면 아구를 넉넉히 원가에 부끄럼 없이 넣어주는 것으로 사실 컨설팅은 한 방에 끝이다.

아구찜을 먹으러 가는 사람들이 고깃집의 반찬이나 횟집의 쯔끼다시 같은 푸짐함을 기대하지는 않는다. 그렇다면 그 부분은 크게 신경 쓸 일이 아니다. 감자탕을 먹겠다는 사람이 감자탕 국물을 듬뿍 먹고 싶은 마음으로 주문할 리는 없다. 그래서 아구찜은 아구가 넉넉히 들어가고, '아구찜은 콩나물찜이 아닙니다'는 문구 하나로 손님의 마음을 사로잡을 수 있는 메뉴다.

아구를 어떤 맛으로 먹을까? 달달한 맛으로 먹어야 만족스러울까? 아니다. 아구찜은 매운 맛이 제격이다. 땀을 흘리면서 먹어야 아구를 먹은 듯싶다. 필자의 개인적 의견이라고 무시해도 상관없지만, 맵지 않아서 오르지 않는 매출은 본인이 감당해야 할 것이다.

이처럼 '탱고'의 컨설팅은 아구를 판매가 대비 적정선으로 넣어주고, 매운 맛을 확실히 느끼게 하는 것으로 소임을 다했다. 거기에 하나 더. 점심에도 아구찜이 팔리게 하는 일이 남았다. 대부분의 아구찜 식당은 점심에는 1인분(아구찜을 1인분으로 팔 수는 없기 때문에)이 가능한 동태탕이나 평범한 김치찌개를 점심 특선으로 돌려서 파는 것이 일반적이다.

탱고가 위치한 상권은 사무실보다는 주택가에 가깝다. 그렇다면 점심 타깃 역시 주부다. 주부들에게 점심으로 어떤 것을 팔면 좋을까 고민하는 컨설턴트와 아구찜 식당이라면 점심에도 아구찜을 먹게끔 하는 것이 맞다는 컨설턴트가 있을 것이다. 물론 필자는 후자다. 온리원 식당에서 이질적인 메뉴는 가당치 않으니까 말이다.

아줌마들의 점심모임 가격은 대개 1인당 1만원을 넘지 않는다. 그러다 보니 그 안에서 해결되는 식당을 찾는다. 그래서 한정식집들이 점심에는 1만원의 상품으로 견뎌내는 것이다. 돈 내는 아줌마들이 정한 상한선이 그러니까 말이다.

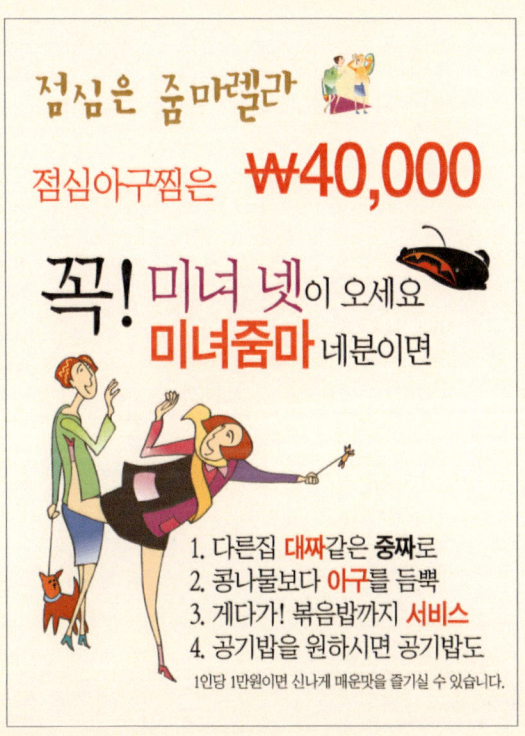

　점심에 아줌마를 유치해서 가게를 채워야 했다. 4명 기준 1인당 상한선에 맞춘 4만원짜리 점심세트를 준비한다. 말 그대로 이것이 점심특선이다. 특별히 준비한 점심만의 가격혜택이다. 명분을 심어주기 위해서 '미녀 아줌마 4분이 오실 때!'라고 정했다. 입장하는 아줌마는 미녀가 아니어도 미녀가 되는 것이다. 그래서 大자 같은 中자를 주겠다고 했고, 볶음밥까지 그냥 주겠다고 했다. 당연히 아구는 넉넉히다. 볶음밥도 공짜로 주는데 공깃밥은 못 줄 거 없다.

　아줌마라서 얻어가는 혜택, 바로 탱고의 점심은 줌마렐라다.

PART 4

Restaurant
food and drinks

장사는 사실
간단한 산수이다

수학을 너무 잘하는 사람은 장사를 못한다. 계산이 지독히 빨라서 걱정이 앞서기 때문이다. 반면, 단순한 산수를 잘하는 사람은 장사를 잘한다. 그 중에서도 산수 자체를 안 하는 사람이 어쩌면 장사를 가장 잘할 지도 모른다.

얼마를 팔면 얼마가 남아야 한다고 믿는 사람은 수학을 잘하는 사람이다. 얼마나 팔았는가를 기억하려고 애쓰는 사람은 산수를 잘하는 사람이다.

손님의 수가 얼마나 늘었는가에 초점을 맞추는 사람이 사실 최고의 장사꾼이 될 소질이 있다. 왜냐하면 장사는 결국 볼륨싸움이기 때문이다. 유통과는 다르다. 한 트럭에 껌을 많이 싣는 것이 봉지과자를 많이 싣는 것보다 운송비 면에서 효율적이지만, 식당은 라면을 팔던, 샤브샤브를 팔던 상품의 가격이나 덩치와는 상관없이 무조건 손님의 수인 볼륨이 성패를 가르는 싸움이다.

조삼모사를 잘하는 사람도 장사에서 성공하기 쉽다. 일체유심조(一切唯心造)를 잘하는 사람은 정말 장사가 적성에 딱 맞춤한 사람이다.

왜 그런지 이제 하나씩 선보이겠다. 그걸 보고도 자신의 수학 실력이, 산수 실력이 더 낫다고 우긴다면 할 수 없다. 그렇게 살아야 한다. 따지고 아끼고 절감하고 아등바등 거리면서 식당 문을 열고 버텨내야 한다. 3년 뒤에 누가 더 시장에서 인정받고 성공한, 행복한 가장의 주인공이 되었는지 필자가 차린 식당들과 비교해 보자.

001
반드시 주력품은 가격을 더 받아야 한다

● PART 3의 5절(판매가를 높게 잡는다)에서 했던 이야기의 반복이라고 지루해하지 말자. 이 책에서 어떤 식으로든 반복되는 이야기는 그만큼 중요해서다. 필자의 게으름이나 출판사의 착오가 아님을 알린다. 중요해서 반복해 토로하는 진짜 중요한 내용이나.

얼마 전 '맛창'의 한 식당에서 고기값(원재료)이 너무 올라 마진이 떨어지는데 어떡하면 좋겠냐는 질문을 해왔다. 현재 가격을 유지하면서 상차림을 덜하게 조정하는 방법과 현 가격과 현 상차림을 그대로 유지하면서 점주가 일시적으로 손실을 떠안는 방법 그리고 현재의 상차림을 당연히 유지하기 위해서 가격을 올리는 방법 3가지에서 필자는 마지막 방법을 권했다.

사실 1천원을 더 올린다고 점주가 그 마진을 챙겨가는 것도 아니다.

그렇게 해서 부자되는 것도 아니다. 문제는 심리적 위축이다. 손님에게 잘 주고 싶은데 고깃집에서 가장 비중이 큰 고기값이 올랐으니, 현재의 근사한 상차림을 유지한다는 것은 쉬운 일이 아니다. 그래서 가격을 올려야 한다. 그런데 명분이 반드시 있어야 한다. 이 명분의 있고 없고는 매우 중요하다. 하물며 가게를 팔 때도 명분이 반듯하면 팔기도 수월하고, 권리금도 좀 더 받을 수 있다. 그리고 그 명분 만들기는 솔직한 고백에서 출발한다.

이처럼 포스터를 만들어 가격인상에 대한 협조를 구할 때, 그동안의 단골이었던 손님들 중 마음을 접을 손님이 얼마나 있을까?

식당의정석

002
곁들임은 소마진이거나 노마진이어야 한다

● 이것도 직전의 PART 3의 6절(주력품 외에는 마진을 포기한다)에 있던 이야기다. 앞에서도 이야기하고 여기서도 또 꺼낸다. 아무리 이야기하고 설득해도 뒤돌아서면 슬그머니 그것에 욕심을 내는 식당 주인들에게 때로는 무력감마저 느끼기 때문이나.

공깃밥 팔려고 차린 식당이 아니잖는가? 라면을 잘 팔아야 한다. 공깃밥은 라면을 잘 먹게 하는 마무리 도구다. 그렇다면 공깃밥은 꼭 한 공기 1천원이 아니어도 된다. 반 공기 500원으로 모두가 먹게 하는 일이 그렇게 어렵단 말인가?

라면 사리 팔려고 차린 부대찌개집이 아니다. 왜 사리를 권하지 못해서 안달인가?

매운 칼국수를 팔려고 차린 식당이다. 추가로 넣어 먹는 샤브용 등

심한 접시를 팔려고 차린 식당이 아니다. 그럼에도 불편하게 매번 갈 때마다 '고기는 추가 안하냐?'고 묻는다. 추가 안한다고 하면 마치 돈이 없는 손님 보듯이 보는 그 눈초리도 매우 불편하다. 왜 주객 전도를 스스로 사서 하는가? 곁들임 팔려고 시작한 식당이 아니거늘, 왜 그것을 팔지 못해서 그걸 주문하도록 요구하는가?

햄버거만 시키게 놔둬라. 목이 메어 답답한 것은 선택한 손님의 몫이다. 콜라가 마시고 싶지 않아서든 어떤 이유든 신경 쓸 필요가 없다. 경험이 적은 소비자에게는 권유의 멘트가 도움이 된다. 그러나 이미 넘치도록 풍부한 경험이 있는 소비자에게 뻔한 권유를 하는 것은 옳은 일이 아니다. 그저 귀찮을 뿐이다.

누가 아구찜을 먹고 마지막으로 볶음밥 주문할 줄 모르는가? 그저 내키지 않아서 시키지 않는 것이다. 그걸 친절이랍시고 왜 먹지 않느냐고 권하는 것은 불편한 채근일 뿐이다. 무엇을 어떻게 시키든 신경 쓰지 말고, 내가 팔아야 할 주력 그것에만 집중해야 한다. 그게 팔리도록 조연들은 협조하면 된다. 비싼 아구찜을 파는 게 좋은가? 아구찜에 볶음밥 2천원을 파는 게 좋은가? 차라리 볶음밥 가격을 미리 가격에 포함해 아구찜 가격을 2천원 더 받는 게 낫다. 그리고 아구찜에 마지막 볶음밥은 서비스라고 규칙을 정하자. 그럼 손님은 그 규칙이 고맙다. 다른 곳에서는 기어이 받는 그 금액을 이 식당에서는 공짜로 내주니 그것 때문에라도 이 집을 다시 한 번 찾을 확률이 크다.

식당은 술집이 아니다. 술집에서는 술이 많이 팔려야 좋지만, 식당은 술 추가하고 반찬 더 달라고 하지 밥을 한 번 더 시킬 리 없다. 따라서 술은 적당히 팔리는 게 좋다. 하지만 때로는 술로 우리 식당을 찾게 하는 도구로 삼을 수도 있다. 바로 수입맥주다. 국산 맥주나 소주는 정해진 값이 있어서 가격을 내릴 때 경쟁자들이 화를 낸다. 그 화는 집중 공격이나 왕따가 될 여지가 크다. 그래서 소주값이나 맥주값은 싸게 팔면 역효과다.

 그러나 수입맥주는 그 부분에서 자유롭다. 대부분의 식당은 수입맥주를 남들 받는만큼 받는다. 싸다고 해도 5~6천원에서 출발한다. 그러니 전혀 팔리지 않는다. 아예 취급을 안 하면 모를까 취급을 한다고 메뉴판에 써두고 나가지 않으면 쓸데없이 메뉴판을 지저분하게 만든 꼴이 된다. 따라서 메뉴판에서도 의미있는 상품이 되도록 매만지는 일이 필요하다. 바로 보관비만 받는다는 멘트로 손님에게 말을 걸고, 실제 그 정도 가격만 받는 거다. 초밥을 먹을 때 맥주 한 잔은 일본 스타일이다. 그러나 스타일 찾자고 1만원짜리 초밥 먹으면서 1병에 8천원짜리 맥주를 마실 수는 없다. 그러나 똑같은 맥주(완제품이라 차이가 있을 수 없음)를 4천원에 마실 수 있다면 기꺼이 '초밥에 맥주 1병 주세요'를 완성시킬 수 있다. 수입맥주를 만드는 것도 아니고, 그걸 입찰 받으려고 새벽시장에 가는 것도 아니다. 그저 전화 한 통으로 내 식당 한 켠에 세계 각지의 수입맥주를 구비할 수 있다. 그러니 보관비 정도만으로도 식당이 취해야 할 마진은 충분하다. 다른 곳에선 8천원인데, 이 집에서는 4천원에 마시는 맥주. 그것도 내 메뉴를 경쟁자 틈에서 선택하게 하는 좋은 요소가 되지 않을까?

 이런 것들은 찾으면 흔하다. 서비스업이나 판매업은 1천원으로 손님의 마음을 흥분시키고 사로잡을 것들이 거의 불가능하지만, 식당은 얼마든지 가능하다. 1천원어치의 배려라면 손님을 기절시킬 수도 있다. 둘이면 2천원, 셋이 오는 손님에게 천원씩 3천원만 미리 받으면 손님에게 1만원 판매가에 육박하는 선물을 안겨줄 수 있기 때문이다.
 그것이 바로 피자였다. 3천원대의 원가를 가지고 30센티의 피자를 만들어서 손님을 만족시켰고, 그 효과를 눈으로 확인한 많은 식당들이 다 따라하고 있다. 개인도 따라하고, 본사도 따라하고, 심지어 중국 연길에서도 이 컨셉은 '히트다 히트'였다.

식당의정석

003
小中大를
화려하게 만드는 기술(1)

● 당신은 손님으로 식당에 가서 小中大 메뉴에서 大자를 시켜본 경험이 얼마나 있는가?

본인에게 기쁜 일이 있어서 즐거운 날이거나, 누가 확실하게 쏜다는 것을 알고 갔을 때 외에는 아마도 시킨 경험이 없을 것이다. 그런데도 식당들은 기어이 大를 팔려고 애를 쓴다. 그리고 권한다. 심지어 이런 말도 서슴지 않는다. "4명이면 大자 드셔야 해요. 中자는 작아요" 이걸 멘트라고 날리는지 정말 부끄럽다. 손님이 4명이 아니라 3명이 왔으면 어쩔 건가. 손님이 기분 나빠서 4명 다 주문을 멈추고 나가면 도대체 누가 손해를 보는가?

다른 식으로 얘기해 보자. 순리대로 지극히 상식선에서 생각해 보자. 견적을 받는다고 쳐도 좋고, 마트에서 물건을 고른다고 상상해도 좋다. 세 가지 가격대가 있다. 하나는 싸고, 하나는 중간, 하나는 비싸다. 그때 당신의 일반적 선택은 어디인가? 필자와 다르지 않을 것이다. 싼 것은 어딘가 미덥지 못하고, 비싼 건 괜한 돈 낭비인 듯 싶고, 결국 중간대의 가격 제안이 가장 합리적인 선택이라고 안심한다.

마찬가지다. 식당에서 小中大도 딱 그 꼴이다. 小자를 먹기에는 모양새 빠지고, 大자를 먹기엔 괜한 낭비인 것 같다. 그래서 3명도 中자, 4명도 中자인 것이다. 손님은 그것에서 벗어나기를 원하지 않는다. 그래서 친절한 大자의 권유도 짜증난다. "모자라면 추가할게요" 실제 추가를 하는가는 중요하지 않다. 이미 손님은 기분이 나쁘다는 점이다. 불편한 기분에 中자를 먹으니 마음도 별로다. 입맛은 더더욱 별로다. 추가는커녕 먹다가 일어나 다른 곳으로 옮길 수도 있다. 그렇게 한 번 떠난 손님은 최소 3명에게 그 집의 경험담을 이야기할 것이고, 그 3명은 또 각자 누군가에게 3명씩 분풀이를 할 것이다.

그것이 겁 나는 것이 아니다. 절대 그건 아니다. 장사는 결국 구매자가 없으면 공급자는 없다는 논리를 말하고 싶은 거다. 그래서 어쩔 수 없이 공급자는 을이 되어야 한다. 여기서 중요한 것은 을도 하기 나름으로 갑이 될 수 있다는 점이다. 줄 서는 음식점에서 손님이 갑일까? 아니다. 그런 곳에서는 식당이, 주인이 갑이다. 손님에게 정당한 요구를 할 수 있고, 그것이 통하지 않는 손님은 거절할 수 있다. 당당함에서 나오는, 경쟁력에서 나오는 당연한 자신감 때문이다. 그래서 먼저 날린다.

"손님. 배가 고프지 않으시면 4인도 中자가 괜찮습니다."

"혹, 술안주로 드실 거라면 大자보다는 中자로 드릴게요. 모자라면 그때 추가하세요."

여기까지는 장사 고수라면 누구나 할 줄 안다. 그러나 필자는 그 고수들을 컨설팅해야 한다. 그들과 같은 수준의 발상으로는 밥먹고 살수가 없다. 그래서 필자의 멘트는 다르다. 가격 책정도 다르다.

'小中大 3, 4, 5만원'을 '小中大 3, 4, 7만원'으로 표기한다. 그렇게 해서 4만원이 훨씬 더 잘한 결정임을 드러낸다. 3만원 먹기는 창피하게 하고, 7만원은 굳이 먹지 않아도 됨을 당당하게 보여준다.

그리고 大자 표시에 단어 하나를 더 넣어서 당당한 주문이 되도록 의미를 부여한다. 명분을 만들어준다. '접대용 大'라는 문구 하나로 손님들은 大자를 시키지 않아도 되는 명분을 얻는다.

"야. 우리끼리 무슨 접대야. 그냥 中사 시키면 되겠네. 하하."

당신이 만일 손님이라면 이 메뉴판에 몇 점을 줄 것인가?

식당의 정석

004
小中大를
화려하게 만드는 기술(2)

● 小는 2인, 中은 3인, 大는 4인이라고 강력하게 써둔 메뉴판을 봤다. 질린다. 이렇게까지 할 이유가 있을까 싶다. 아무리 식당에 진상 손님이 넘친다고 해도, 사실은 천사 같은 손님들이 더 많다. 식당을 배려하고, 식당에 감사하는 손님들이 더 많다. 그것이 아니라도 식당은 손님이 지갑을 열지 않는 이상은 성공 반열에 절대 오를 수 없다. 손님이 즐겁게 지갑을 열 수 있도록 공부해야 한다. 그게 식당경영자가 해야 할 몫이다.

'큰小, 큰中, 큰大'라고 표현을 바꾸면 어떨까? 그럼 3명이서 눈치보지 않고 큰小를 시키지 않을까? 4명이라면 당당하게 '큰中 주세요'라고 하지 않을까? 기어이 3명에게는 中자를, 4명에게는 大자를 팔아야 장사가 남는다고 생각한다면 어쩔 수 없지만, 필자의 지금까지의 이야기가 술술 이해되고, 신이 난다면(앞으로 이 책 내용대로 따라만 해도 많은 변화가 충분히 예측된다면) 그 식당은 분명히 웃게 될 것이다. 손님이 좋아하고 만족하는 식당이 주인은 힘들고 울게 되는 경우를 지금껏 본 적이 없다.

4명에게 "부대찌개와 동태탕은 1인분 덜 주문하세요. 그래도 충분히 드실 수 있습니다"라고 훈수 둔 필자의 예상은 대단히 퍼펙트하게 맞아 떨어졌다. 그 집에 오는 손님들은 한 사람이 시간차 공격을 하느라 늦게 와서 공깃밥 하나만 추가하는 그런 뻔하고 부자연스러운 연기를 굳이 부리지 않아도 되니까 좋다. 좋음은 보답으로 이어진다. 식당에 손님이 주는 보답에서 가장 큰 것이 '알리기'다. 재방문도 고맙고 고마운 보답이지만, '알리기'야말로 최고의 선물이다.

얼마나 쉬운가? 小中大에 '큰'이라는 글자 하나 붙이는 이 일이!
손님에게 먼저 손님의 눈높이를 권하는 이 일이 얼마나 대단한 결과를 주는지는 경험해본 사람만이 알 수 있다. 지금 당장 그 경험을 해야 한다. 미적거릴 이유가 없다.

맛창 컨설팅 보고서

[상황1]
3, 4, 5만원입니다. 이렇게 小中大로 팝니다.
혹은 3, 5, 7만원이라고 하셔도 상관없습니다.
중요한 것은 小中大의 가격을 정비례로 올렸다는 겁니다.

4명이 가셔서 어떤 것을 주문할까요?
여러분이라면 어떤 것을 시키실건가요?
그걸 시키면서 어떤 마음이 드실까요?
혹……. 손님의 입장에서는 어떤 점이 불편할까요?

[상황 2]
3, 4, 7만원입니다.
5, 6, 10만원입니다. 이렇게 大자에서 가격 차등을 확 뒀습니다.

이럴 때 4명이 가셨다면 어떤 것을 시키실까요?
어떤 마음이 드실까요?

小中大가 있습니다.
식당은 당연히 大자를 많이 팔고 싶어합니다.
그러나 손님은 반대로 大자만큼은 시키고 싶어하지 않습니다.
정말 믿음이 가기 전까지는…… 大자는 피하고 싶습니다.

그렇다면, 맛창식으로 공격하는 겁니다.
大자는 팔지 않겠다고 마음 먹는 겁니다.

사람들은 3가지 견적을 받으면 당연히… 대부분은 중간 것을 선택합니다.
그게 인테리어 견적이든, 가구 견적이든, 에어컨 견적이든간에….
그렇다면 그 중간 것을 제시하면 팔리기 좋은데.
남의 패를 알지 못하니… 치열한 눈치싸움이 벌어지는 겁니다.

그러나 식당은 내가 패를 좌지우지합니다.
중간 것을 잘 시키게끔
중간 것에서 만족을 주게끔
얼마든지, 내 판단과 지혜로 이끌어 갈 수 있습니다.

맛창 컨설팅 보고서

가격 이렇게 매기면 좋다

글쓴이 맛있는창업 (125.177.136.63)

小에서 中으로 넘어가는 데 겨우 3천원.
中에서 大로 넘어가는 데는 5천원이다.

이 집처럼 저렴한 가격(얼마 전 3대천왕에
나온 감자탕집 가격)에서도
**小中大의 차등을 3천원 정비례하지 않은 건
잘한 일입니다.**

18 ➔ 21 ➔ 24보다는 이게 더 좋습니다.

아주 잘 계획된 전골 대중소 가격이다. 원래 다른 곳이 감자탕 15,000원 팔
던 곳이 이제는 18,000원까지 올랐다.

그런데 중자와 대자의 가격에 모안이 담겨 있다.
내심 조금 더 욕심을 내었으면 하는 마음이지만, 저대로도 훌륭하다. 뭘까..

2인도 中자를 먹게 하려면

글쓴이 맛있는창업 (125.177.136.63)

이것도 가격 설정의 스킬로 해결할 수 있습니다.
직설적으로 말하면 그 가격을 넘볼 수 있도록 하는 것으로 훌륭히 돌파할 수 있습니다.

2인 기준 소자의 가격을 1만5천원이라고 하였습니다.
통상적이라면 중자는 2만원, 대자는 2만5천원... 이런 식일 수 있습니다.
이렇게 정량적으로 가격이 구분되어지면 2인은 소자를 3인은 중자를, 4인은 대자를 시키게 하는 단순한 가격표로 전달될 것이 분명합니
다.

소자가 1만5천원이라면 중자는 1만 8천원이 됩니다. 포금만 더 보태면 소자보다 분명히 양이 많은 중자를 먹을 수 있다는 사실을 환기시
켜주는 것입니다.
그 중자가 가치가 있으려면 대자는 2만 5천원으로 7천원의 무거움을 환기시켜주면 됩니다. 그래서 대자가 잘 나가지 않은 현상도 있을 수
있습니다.
그래서 누군가는 분명히 "대자를 팔아야 남는 게 많은데, 장사의 기본도 모른느..."이라고 저를 흉볼 것이 분명합니다.

3~4인이 대자를 시키지 않으면 패러블 좀먹입니다. 그런 생각을 하는 당신은..

인원에 맞게 먹는 것이 좋은 것은 분명하나, 언제나 손님은 조금이라도 유리하게 먹으려고 합니다. 그렇게 만족하려고 합니다. 왜냐면 여
전히 머딜가나 음식은 부설하고, 가격대비 만족도가 떨어지는 식당이 널려있기 때문에 그렇습니다.

중자가 만만해지면 소자를 먹을 2인도 중자를 시킵니다.
3명은 의당 + 팬 황재니면서 중자를 시키게 됩니다.
4명도 가격만 놓고서 후딱 중자를 시킵니다. 그리곤 모자란 양 때문에(자신들의 판단 미스에 때문에) 추가를 시킬 것이 분명
합니다.

이것이 맛창의 가격 설정의 노하우입니다.

**2011년부터 이런 말씀을 드렸습니다.
과거의 게시글이라고 지나치면···. 그래서 손해입니다.**

맛창 컨설팅 보고서

가성비 지름길

글쓴이 : i am 맛창 (125.187.138.247)   날짜 16-06-26 06:42   조회 335   TRACKBACK

기존의 메뉴를 건드리지 않고
새로운 메뉴를 등장시켜서
거기서 **가성비를 완성함**

小에서 中으로는 쉽게 넘보게 해야 합니다.
그리고 中에서는 大를 쉽게 못가게 해야 합니다.

그러면 大까지는 힘들어도 中은 선택이 쉬워집니다.
3,4,7로 설정하면 4가 주력으로 팔립니다.
3,4,5로 설정하면 다 그만하게 팔립니다. 인원 수에 맞춰서…

대신 7은 시키지 않아도 당당하게 만들어주는 겁니다.
그래서 만든 제 멘트가 "접대용"이었습니다.
그리고 요즘은 "누가 쏠 때"라고 합니다.

그럼 4명에서도 中을 당당히 시킵니다. 서로 접대는 아니기에..

4명에게 大를 팔려고 마음먹지 마세요.
4인분은 팔지 않는다고 먼저 공격해서 성공하지 않았던가요?
그런데 왜 大는 4인분이라고 생각하는지요?

005
1인 1식을 포기하면 체감가격이 싸진다

● 몇 명이 먹던 제발 마음을 비우기를 권한다. 반대로 이렇게라도 와주어 감사하다고 생각하자. 그게 그렇게 힘들까?

가격을 더 올려서 받으면 당연히 손님들은 질색을 한다. 동태탕 한 그릇에 9천원짜리를 드셔 보셨는가? 대부분은 6천원이거나 조금 비싸야 7천원이다. 그런데 역곡의 〈동태한그릇〉은 9천원짜리 동태탕을 팔고 있다. 그렇게 받고서도 손님이 미어터진다. 도대체 왜 그런 것일까? 다음은 실제 택시를 타고 기사와 필자가 나누었던 대화다.

"아니, 남양주에서 역곡까지 오실 정도로 저 식당이 맛있나요? 저긴 얼마에요? 늘 손님이 많던데요."

"동태탕 1인분에 9천원이에요?"

"와. 엄청 비싸네요. 그런데 손님은 참 많군요. 맛있나 봐요."

"3명이서 2인분 주문해도 되요. 아니, 저긴 주인이 먼저 권해요. 3명도 2인분만 드시라고."

"양이 많군요. 그럼 셋이서 나누면 1인당 6천원이니까 다른 곳하고 같네요."

"그리고 저긴 동태탕 2인분이면 피자 한 판을 그냥 줘요."

"피자를요? 에이, 작은 거 주나 보죠."

"아니에요. 30센티 피자에요. 먹을 만한 양으로 줘요."

"헐, 그럼 3명이 가면 동태탕 6천원에 먹고, 피자는 공짜로 먹으니 엄청 싼 거네요."

이게 바로 1인 1식의 사고를 깬 힘이다. 1인분에 6천원짜리 동태탕을 만들어서 손님이 만족할 가성비를 줄 방법은 없다. 그 누구도 그런 재주는 없다. 그러나 1인분에 9천원을 받으면 얼마든지 가성비를 채울 수 있다. 피자도 어느 집 못지않게 제대로 만들어 줄 수 있고, 동태탕에 동태는 당연히 듬뿍이다.

2명이서 2인분 18,000원에 배부르게 동태탕을 먹고, 피자까지 먹는다면 조금 비싸게 준 값이지만 그야말로 푸짐한 식사가 되었을 것이다.

3명이서 2인분 18,000원에 피자까지 먹으면 1인당 6천원으로 값이 먼저 체감된다. 1인분 9천원짜리 비싼 동태탕을 한 명이 보태어 나눠 먹은 덕분에 돈은 6천원만 썼고, 피자는 공짜라는 계산이 선다.

어느 누가 이런 계산을 하겠냐고 믿지 못하겠거든 가서 직접 확인해 보면 된다. 저녁 8시에 가도 10여 분은 기다렸다 먹어야 하는 광경을 목격할 것이다. 이것이 바로 '맛창' 식 계산법이다. 이렇게 풀어서 가격을 올리면 손님은 비싼 집에서 식사해서 즐겁고, 식당은 손님이 줄을 서서 즐겁다.

필자가 컨설팅한 또 다른 식당, 공릉동의 〈아이엠 부대찌개〉 역시 마찬가지다. 여긴 필자보다 한술 더 뜬다. 3명은 2인분만, 4명도 2인분만 드시라고 메뉴판에 써둔다. 그리고 혹시 4명이 감사하게도 3인분을 시킨다면 피자는 2판을 서비스한다. 부대찌개의 재료가 나쁘니 가능한 거라고? 피자가 형편 없는 재료라서 가능한 거라고? 또 의심할 것이다.

만일 '맛창'의 식당들이 저급의 재료로 남는 장사를 하려고 한다면 그때부터 인연은 끝이다. 먹는 걸 가지고 장난치는 사람들은 상종을 하지 않는다. 의심된다면 가봐도 좋고, 블로그를 뒤져도 좋다. 이렇게 필자의 공식보다 더 쎄게 손님에게 선빵을 날리는 이 집은 그래서 테이블 10개에서 하루 15회전을 한다. 1.5회전이 아니라 15회전을 한다. 11시 반이면 이미 긴 줄이 서있다. 한 번 슬며시 따져보자. 부대찌개가 끓고 먹는 시간을 감안해 보자. 하루 15회전이 실제 계산대로 가능한지 말이다. 그러나 어쩌랴. 실제 그렇게 테이블이 회전됨을 말이다.

4명도 2인분을 권한 그 덕분에 근처에 또 하나의 식당을 개업했다. 바로 〈아이엠 돈가스〉다.

식당의 정석

006
한 상에서 몇 명이 먹던 눈감아야 한다

● 앞의 1인 1식과 같은 내용의 연속이다. 그만큼 이 점이 매우 중요하다는 사실이다. 드럼통 고깃집에 옹기종기 둘러앉으면 6명도 껴앉을 수 있다. 그 6명이서 고기 3인분 달라고 한다고 해서 인상 찌푸릴 이유가 없다. 6명에 맞는 술의 양은 유지될 것이고, 출발이 3인분이지 1인분씩 추가하면 결국은 6인분 혹은 그보다 더 먹게 될 것이다.

아구찜, 해물찜을 5명이서 한 상에 먹겠다면 굳이 小자 2개는 시켜야 한다고 실랑이를 할 까닭이 없다. 만일 2상을 5명이 차지하고서 大자 하나에 상차림은 두 벌을 내달라고 하면 정중하게 사양해야 한다. "손님 기분이 상하실지 모르나, 저도 장사로 먹고 살아야 하는 일인지라 상을 두 벌 쓰실 거라면 차라리 한 상에서 小자를 두 개 드세요. 돈 만원을 더 받겠다는 욕심이 아니라 식당도 원칙이 있답니다. 한 테이블에 한 상이라는!"

 이렇게 정중히 설명해도 막무가내라면 어쩔 수 없다. 그 손님을 포기하고 내보내던가, 아니면 그 손님에게 지고 계속 그런 식으로 살아야 하는 거다. 그래서 식당이 먼저 선빵 날리기가 중요하다. 메뉴판에 '1인분 덜 주문하세요. 小中大는 인원 수가 아니니까 4명도 小자 주문됩니다' 이런 식의 멘트로 먼저 손님의 눈높이를 맞춰두는 게 필요하다. 이렇게 배려했음에도 불구하고 5명이 두 테이블에서 하나를 시키겠다면, 그건 다시 오지 않아도 좋을 진상으로 결정하고 내보내야 한다. 그래도 된다. 식당이 먼저 1인 1식이어야 한다, 4인은 大자를 드셔야 한다고 써두지 않은 착한 마음에 상처를 주는 공격을 인터넷으로 한다면 그 반박에 다수의 손님들은 식당 편을 들어줄 것이다. 진상 짓을 하면서 "인터넷에 가만 두나봐라"는 말에 절대 쫄지 말자. 상식을 벗어난 행패를 동조할 정도로 네티즌들이 바보는 아니다.

 감자탕을 먹던, 해물찜을 먹던 혹은 낙지볶음을 먹던 인원 수는 머리에서 지운다. 4명이 小자를 맛있게 기분좋게 먹었다면 '주인이 참 친절하다. 4명이 小자 시키고 내심 미안했는데 하도 환하게 웃으며 주문을 받아서 너무 기분이 좋았다' 이런 글이 올라간다. 그 홍보 값은 大자를 팔지 못한 허전함과 절대 바꿀 수 없을 것이다. 어느 누구도 大자는 4명이라고 정해주지 않았다. 자신이 그리 정한 것뿐이다.

> 배부른 4인은 小자를 드세요.
>
> 배고픈 3인이라면 과감히 大자를 드세요.
>
> 오늘 상대방이 쏘신다면 2명이라도 大자를 드세요.
>
> 기회는 또 오지 않습니다.

이런 멘트로 메뉴판을 채운다면 손님은 즐겁지 아니할까?

007
뻔한 가격이면
새로운 조합을 만든다

● 가성비를 보여주고 싶은데 메뉴 특성상 그것이 어려운 경우가 있다. 그래서 실제 조개탕집을 컨설팅하면서 진행했었던 보고서로 이 내용을 설명한다. 어렵지 않다. 생각을 바꾸면 얼마든지 가능해진다. 그것을 꼭 팔아야 한다는 마음을 비우면 된다. 거기서 엄청 남겨야 한다는 마음을 가지면 된다. 기존에 팔던 조개탕을 꾸준히 팔면 그것으로 행복한 식당이 된다. 거기에 덤으로 사진 찍히는 메뉴 하나를 더 개발해서 유용하게 써먹자는 것이 핵심이다.

맛창 컨설팅 보고서 - 창원 반송시장 돼지조개

창원 반송시장
돼지조개 훈수와 클리닉

국내 최다의 창업 서적을 집필한 저자

3만5천원 조개탕으로는 훌륭한 그림입니다.
실제 원가 역시도 55%에 준하다니 잘하고 계신 겁니다.

PART 4 : 장사는 사실 간단한 산수이다

맛창 컨설팅 보고서 - 창원 반송시장 돼지조개

조개탕에 찬으로는 지극히 평이합니다.
특히 가격을 생각하면, 찬에서 실망감이 있습니다.

사실 찬을 안 줘도 좋습니다.
부대찌개처럼 주메뉴 그 자체에서 골라먹는 음식은
찬을 주지 않아도 됩니다.

중요한 것은 이걸 <u>식사까지 완성시키는</u> 것과
그렇지 않은 것의 차이라는 겁니다.

1) 술안주로 먹는다.
2) 식사로도 먹는다.
3) 두 가지 혼용으로 먹을 수 있다. **당연히 답은 3번입니다.**

식사로만 먹기에 3~4만원은 비쌉니다.
술안주로만 먹기에도 3~4만원은 적은 인원 수에는 비쌀 수 있습니다.
그러나 **두 가지를 병행한다면(대표음식, 감자탕) 선택지는 높아집니다.**

맛창 컨설팅 보고서 - 창원 반송시장 돼지조개

小를 2인이라 못 박은 것은 잘못입니다.
1인당 17,500원입니다. 못을 박으면.

거기에 술을 먹거나, 밥을 추가하면
당연히 값이 또 올라갑니다.

삼겹살과 같은 고기는 먹다가 맛있어서
추가하면 되는 것이고,
그래서 계산이 올라가도 이해합니다.
그러나
小=2인으로 못박으면, 17,500원부터
시작해야 하는 겁니다.

3.5 < 4.5 < 6으로 평범한 구성입니다.
小中大의 개념입니다.
이것도 바꿀 필요가 있습니다.
말을 어떻게 던지는가에 따라, 많이 달라집니다.
小는 中으로 갑니다. 3명이 시켜도 놀랄 양입니다.
그럼 中은 大로 갑니다.
스페셜은 특大로 갑니다.
그리고 진짜 스페셜을 따로 만드는 겁니다.

이걸 만들어야
진짜 가성비를 여기서
제대로 만들 수 있습니다.
10만원 스페셜이면,
시키는 사람도 뿌듯하고,
먹는 사람은 더 뿌듯하게
내 줄 수 있습니다.

불황 → 싸게가 정답 NO

2인이 먹는 小자와 3인이 먹는 小자가 있습니다.
그 차이에 대해서 생각해 볼까요?

3인이 먹는 中자와 몇 명이 먹던 상관 없는 中자가 있습니다.
그것도 생각해 볼까요?

小를 없애자고 했더니……
"그럼 둘에서는 먹을게 없으니 어떡해요?" 합니다.
그래서 커플 메뉴를 만듭니다.
그것도 타당하고 합당한 정리입니다.

………… 경험해 보셨습니다.
2명에서도 4인분 먹은 적 있구요. 大자 먹은 적 있습니다.
며칠 전 저도 초밥 먹고, 치킨 먹고, 러시안에서 요리 5가지 먹고,
마지막으로 곱창까지 먹었습니다. 다 먹을 수 있습니다.
2인이 먹어야 하는 메뉴가 있어야 하는 거 아닙니다.
2인만 오는 식당이어야 할까요? 거기가 연인만 오는 곳이던가요?

고객들은 연인 위주가 아니라, 직장인입니다.
당연히 커플 메뉴는 없어도 됩니다. 그래서 小를 다르게 표현합니다.
처음 해보는 표현입니다. 小자를 그렇게 표현하는 건! ㅎㅎ

맛창 컨설팅 보고서 - 창원 반송시장 돼지조개

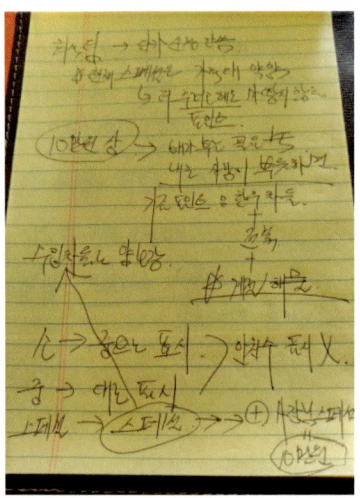

小를 中으로 하자고 했습니다.
또 바꿔봅니다.

小 ➔ 큰小		40,000원
中 ➔ 큰中		50,000원
스페셜 ➔ 스페셜		65,000원
부장님 스페셜		100,000원

당연히 인원 수 표시는 없고,
주문도 그리 받습니다.
**"배 부르시면 작게 주문하시고,
추가하시면 되니 그리 드세요"**

사리로 돈 버실 것도 아닌데…
사리 주문하고 기분 좋은 손님도 없는데…

식당에서니까 1천원짜리로 손님을
감동줄 수 있습니다.
라면 사리 3개 먹을까요? 못 먹습니다.
그런데 사리 값 1천원이면,
손님은 뻑… 갑니다. 엄지 척 내주고 갑니다.

음료수도 가격을 정해 놓으시는 건 좋은데
이건 그냥 날리시면 이것도 손님 기분이
up되게 해줍니다.
음료수 값 1천원이면…… 엄지 척 줍니다.

물론, 2~3천원짜리 파는 집에서는…
음료수 서비스 할 수 없습니다.
➔그런데 영철버거는, 주는 사람은 줍니다.
➔그런 배짱도 있습니다. 콜라를 그냥 줍니다.

맛창 컨설팅 보고서 - 창원 반송시장 돼지조개

창원 조개탕하면? 돼지 조개

1. 인원 수는 따지지 않습니다.
2. 라면 사리는 얼마든지 그냥 드립니다.
3. 마무리 볶음밥은 불고기 전골과 함께

추천
마크

이 추가메뉴도 넣습니다.

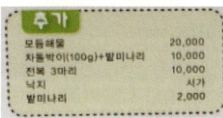

큰小 (2~3인, 배부르면 4인도 OK)	₩40,000
큰中 (3~4인, 적당한 양을 드실 때)	₩50,000
스페셜 (큰中+낙지 or 차돌박이)	₩65,000
부장님 스페셜(4~5인, 누가 쏘실 때!! 놀라고 싶을 때!!)	**₩100,000**

강추
마크

(부장님 스페셜은 별도로 다시 포인트를 줘서 디자인)

큰小 ➔ 기존 세팅에 불고기전골에 공기밥 원하는 대로
큰中 ➔ 기존 세팅에 불고기전골에 공기밥 원하는 대로
스페셜 ➔ 차돌박이는 수입산으로

부장님 스페셜
조개탕 양은 큰中 + 계절해산물 + 불고기전골

==스페셜을 판다고 생각하면, 여기서 확 맛창식 가성비로 놀라게 해줄 수 있습니다.==

가격을 5천원 올렸습니다.
수입산으로 불고기전골 만들 때 고기 양은 200g이면 됩니다.
양념과 국물, 당면을 올리면 400g이 넘습니다.
이 원가는 5천원으로 충분히 해결됩니다.

그런데 불고기전골을 주면…….. 아이들 먹을 게 해결됩니다.
그리고 불고기전골을 주면, 조개탕에서 아쉬운 볶음밥이 해결됩니다.
게다가 불고기전골이 크기 때문에 조개탕 내줄 때 함께 내주시면
와…… 하고 놀라게 됩니다.
거기에 라면 사리는 무조건 무한리필로 합니다.
테이블 근처에 선반을 매달아 쌓아두시면 됩니다.

그럼…… 가격 5천원 올랐다고…….. 뭐라 할 사람들 없습니다.

008
잘 나가는 맛창 식당 case 9

남양주 <공과장의 HoPe>
3만원 약속하면 피자가 선빵

● 술집이라고 다르지 않다. 술집도 얼마든지 '맛창' 식 상차림으로 손님을 만족시킬 수 있고, 동네 1등 호프집이 되게 할 수 있다. 그러자면 기존 호프집이 가진 평균치를 파악하는 것이 우선이다.

호프집은 혼자서 가긴 곤란하다. 왜냐면 안주를 시키지 않으면 눈치를 주기 때문이다. 그래서 그 부분을 고치면 되는데, 그건 혼자서 먹을 수 있는 공간을 만들고 혼자서 호프 한 잔에 먹을 가벼운 싼 안주를 파는 결정으로 쉽게 해결된다. 물론 이것은 공간이 좀 필요하지만, 동네 호프집이라도 30평 정도는 되니까 어렵진 않은 일이다. 실제 남양주 <공과장의 호프>의 크기는 31평이고, 테이블 수는 17개다. 이 정도면 혼자서도 갈 수 있는 호프집 컨셉은 하나 만들 수 있다.

누구를 타깃으로 할 것인가는 입지에 따라 다르다. 〈공과장의 호프〉는 직장인을 겨냥한 공간이 아니다. 직장인이 많은 위치라면 권리금이나 월세가 비싸다. 그러나 동네 주민을 겨냥한다면 상대적으로 적은 비용으로 차릴 수 있다. 〈공과장의 호프〉는 비어있는 상가라서 무권리에 월세는 200만원. 아파트 상가라서 타깃은 당연히 주민들이고, 거기에 아줌마들까지도 타깃으로 정했다.

하지만 그냥 아줌마들을 오라고 한다고 올 리 없으므로 '아이들이 가자고 조르는 호프집'이라고 먼저 선수를 쳤다. 도대체 아이들이 왜 호프집에 가자고 조를까? 일단 다행인 것은 이제는 식당이건 술집이건 흡연을 못한다는 점이다. 그래서 가족들이 아이들을 데리고 동네 주점을 가는 것은 어려운 일이 아니다. 아빠 없이 엄마들이 아이들과 간단히 호프 한 잔 한다고 말세라고 쯔쯔 하는 세상도 아니니 이 컨셉은 사실 어디에나 유용하다. 아이들이 먹는 컵라면은 공짜다. 아빠와 엄마는 안주와 호프 한 잔 마실 때, 몸에 좋지는 않지만 아이들은 컵라면을 얼마든지 먹을 수 있다. 1인당 1개? 그렇게 치졸하지 않다. 몇 개를 먹던 상관없다. 작정하고 엄마 혼자서 아이 3명 데려와 컵라면을 잔뜩 먹이고 겨우 호프 한 잔에 1,500원짜리 김 안주를 먹고 가도 할 말 없다. 그런 손님보다는 그렇지 않은 손님이 훨씬 많은 것이 사실이다.

호프집에 가서 안주를 몇 개나 시킬까? 스스로에게 물어보면 알 것이다. 잘해야 2개다. 왜냐면 안주 값이 너무 비싸기 때문이다. 대구포 하나 대충 구워주고 15,000원을 받는 호프집에 혀를 내둘렀다. 낙지볶음 2만원을 받으면서 낙지는 숨바꼭질하게 내주는 호프집이 참 불쌍했다. 깡통 하나 까서 데워주는 번데기를 1만원이나 받는 호프집을 보면서 용기가 백배 상승했다. '그래 당신들이 이렇게 정신머리 없이 장사를 하니까, 내 컨설팅 훈수는 더더욱 먹히는 거고, 내가 손대는 식당이 그래서 성공하게 되는 것이다. 정말 고맙다. 진심으로!'

안주는 혼자서 먹는 안주와 싸게 먹는 안주, 양으로 먹는 안주, 거기에 가성비가 있는 안주로 얼마든지 조합을 해낼 수 있다. 일률적으로 호프집 안주를 구성해서는 절대 Never 경쟁력이 없다.

이렇게 안주를 다양하게, 저렴하게, 착하게 구성하다 보니 남는 게 뭐 있냐고 한다. 호프집이 안주를 팔아서 남겨야 한다면 큰일이다. 안주 하나를 팔아서 남기는 마진과 호프 한 잔을 팔아서 남는 마진을 생각해야 한다. 안주를 만들기 위한 인건비와 재료비, 호프 한 잔을 따르기 위한 인건비와 시간을 생각해야 한다. 1만원 번데기탕, 15,000원 대구포를 여러 개 시켜서 먹는 손님은 굿을 해도 없다. 〈공과장의 호프〉처럼 매긴 가격이 아닌 다음에야 여러 개를 시키지 않는다.

안주가 남으면 손님은 술을 더 시킨다. 술을 마시기 위해 안주 추가도 불편하지 않다. 착하고 적당한 가격의 안주가 즐비하기 때문이다. 거기에 3만원을 먹겠다고 약속(술 포함)하면 피자를 미리 준다. 안주 2개에 호프 서너 잔이면 3만원은 무리한 고지가 아니다. 쉽게 넘길 수 있다. 그 보답을 미리 하는 것이다. 대부분의 술집에서 "이만큼 먹는데 뭐 서비스 없어요?"라고 말하기를 기다려 하는 것이 아니라, 미리 선수를 쳐서 준다는 술집을 본 적이 있던가?

팔지 않는 안주를 배달해서 먹게 하는 건, 마음만 먹으면 누구나 할 수 있는 서비스다. 컨셉이다. 미아리 숭인시장에 필자가 처음 만든 작은 호프집이 있다. 〈미아리 가게맥주〉라는 상호다. 여기는 불과 10평이다. 야장을 펼 수 있는 공간이 있어서이기도 하지만 '팔지 않는 안주를 사와도 좋고, 배달 시켜도 좋다'는 그 단순한 컨셉으로 그 골목의 선배 식당들을 모조리 바꿔버렸다. 그리고 지금도 10평 매장을 수년째 흔들림 없이 1등으로 운영 중이다. 등산을 마친 아저씨들 십여 명이 우르르 몰려와서 진짜로 안주는 시키지 않고, 호프 한두 잔씩만 딱 마시고 일어서는 광경을 지금도 목격할 수 있다.

그럼, 어떤가? 호프를 팔기 위한 호프집이지, 안주집이 아니지 않던가? 진짜 손님이 아무 소리 없이 1만원 번데기탕을 불만 없이 잘 먹는다고 착각하는 당신의 호프집이 지금 위태한 것은 아닐까?

009
잘 나가는 맛창 식당 case 10

마포 <그 남자의 가브리살>
고기 추가하면 반드시 보답!

● '맛창의 컨설팅은 어떤 식인가요?'라고 물었을 때 대표적으로 이야기하는 것이 바로 고기 추가다. 여러분은 어떤가? 삼겹살 2인분 시키고, 추가로 1인분이나 2인분을 시키면서 '된장찌개도 더 주세요'라고 했을 때 어떤 반응이었는가 생각해 보자. 필자가 그런 고깃집만 갔는지는 몰라도 고기 추가하면서 된장찌개나 계란찜 혹은 게장을 리필해 달라고 할 때 순순히 내주는 집은 보지 못했다. 대부분은 "추가로 내셔야 합니다"라거나 간혹 "이번 한 번만 드릴게요"라는 집이 있기는 하지만 그런 식당도 사실 찾는 운이 좋은 경우다.

그러고 보니 필자가 쓴 두 번째 책에 그런 이야기가 있다. 태릉에 있는 한 고깃집에서 여동생 식구와 고기를 먹는데, 파저리에 올린 달걀

노른자가 인상적이었다. 그래서 고기를 추가하면서 파저리를 달라고 했더니 고기를 추가로 주문받는 상황에서도 달걀노른자는 첫 번째만 내준다는 말에 흥분하여 실랑이를 했던 일화를 기록했었다.

지금도 바뀌지 않았다. 지금도 여전히 첫 상은 공짜로 깔아주지만, 추가는 고기만 딸랑 줘서 거기서 남기는 것이 똑똑한 장사라고 생각하는 식당들이 즐비하다.

3명이 고기 2인분을 시키고 1인분을 추가했다면 모른다. 3명이 3인분을 시키고 추가로 1인분(2인분이 아니어도 좋다)을 주문했을 때 딸랑 고기만 내주는 그 작태에 화가 난 적은 없던가? 진짜 그런 경험은 필자만의 못된 성품에서 비롯된 사정일까? 인원 수보다 고기를 더 먹는 손님이 고맙지 않은가? 그 테이블에 정말 기어이 고기 1인분만 던져줘야 속이 시원한가? 된장찌개 리필에 2천원이라고 못 박아야 하는가? 계란찜 요구에 역시나 '2천원 받습니다'라고 해야 하는가?

그럼, 반대로 이런 상황을 설명하자. 3명이 와서 2인분만 시켰다. 고깃집에서 흔한 일이니 어쩔 수 없다. 그리고 손님들이 계산을 해달라고 한다. 그리고 옆 테이블로 옮겨서 다시 2인분을 시킨다면 그땐 어쩔 것인가? 필자는 실제 그런 팀을 직접 보고 진짜 대단한 손님들이라고 눈을 껌벅였었다.

그렇게 독한 손님들은 사실 드물다. 대신 그냥 2인분만 먹고 일어서는 손님들은 흔하다. 더 먹자는 친구의 말에 "그냥 다른데서 다시 먹자"라고 한다. 실랑이가 귀찮아서다. 고기 추가하면서 된장찌개 하나 더 달라는 말에 값을 요구하는 식당에 빈정이 상해서, 그냥 몸이 고생하는 쪽으로 결정하는 것이다. 그래서 고깃집에서 정인분 외에 그 이상 팔아내는 경우는 대단한 대박집, 유명 고깃집이 아닌 이상은 경험할 수 없다. 사실이다. 추가해서 먹을 이유가 하등 없기 때문이다. 내 돈 내고 먹으면서, 같은 값을 내면서 추가 상차림 없이 고기만 딸랑 주는 집에 더 팔아줄 이유가 있을 수 없다.

따라서 손님의 눈높이를 먼저 맞추면 된다. 고기 추가에는 반드시 보답을 한다는 원칙을 세우고, 추가마다 손님이 원하는 찌개나 반찬을 선뜻, 기꺼이, 당연하다는 마음으로 내주면 손님은 결국 인원 수보다 더 많은 고기를 먹게 되고, 식당은 다른 집에 비해 테이블 단가가 높아지는 매출 장부를 확인하게 될 것이다.

많이 먹고 간 손님이 불평을 할까? 배부르게 먹게 한 고깃집에 짜증을 부릴 것인가?

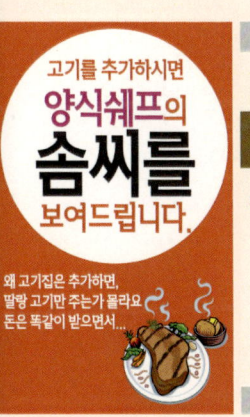

원고를 집필하며 이 페이지를 마친 날이 마침 필자의 생일날이어서 가족들과 함께 가까운 곳에서 제법 줄 서야 먹는 고깃집을 갔다. 그리고 이 글에 대한 내용을 확인시켜주듯 운명처럼, 개운치 않은 저녁 식사를 경험했다.

아내와 고등학생, 그리고 초등학생인 아들들과 가볍게 돼지갈비 3인분을 시켰다. 4명이지만 3인분이라는 주문에 아무도 불평하지 않았고(시키는 우리나, 주문받는 직원이나) 고기 찬은 한 벌이 깔렸다. 그리고 이내 돼지갈비 2인분을 추가하면서 된장찌개와 공깃밥 하나를 추가했다. 역시나 직원은 2인분이나 추가했지만, 된장찌개를 서비스한다는 말은 없었다. 주인이라도 같았을 것이다. 고기 추가에는 딸랑 그것만 가져다주는 것이 맞으니까.

사실 돼지갈비가 아닌 한우를 먹으러 간 것이지만 한우 맛을 잘 모르는 아이들이 돼지갈비가 좋다하여 시킨 것뿐이다. 11,000원짜리 돼지갈비를 그렇게 5인분을 먹었다. 한우 계산을 하고 간 필자는 당연히 아이들을 위해서 돼지갈비를 구웠다. 5인분이면 두 아들의 배는 대충 채워졌을 거 같아 이제 아내를 위해 살치살을 주문했다. 정육식당인 이 집에서 가장 비싼 메뉴다. 120g에 20,900원이니 강남에서 먹는 식당이 아닌 다음에야 적지 않은 금액이다.

돼지갈비 5인분을 먹고, 가장 비싼 한우 살치살 2인분을 주문했지만 상차림은 변한 것이 없다. 새로 상을 깔아주기는커녕 '된장찌개라도 다시 드릴까요'라는 말조차 없었다. 식당에서 그런 교육은 애초에 없

었기 때문이다. 괜찮다. 이렇게 장사해도 손님이 줄서는 집이니까!

하지만 앞으로 '고기 추가에는 반드시 보답한다'는 '맛창' 식당이 근처에 들어서는 순간, 이 집의 서비스는 서리를 맞을 것이다. 필자가 이런 이야기를 책으로 쓰는 까닭은 필자의 컨설팅이 아니더라도, 생각을 깬 독자들이 고기 추가에는 반드시 보답하는 멋진 식당을 만들어냈으면 하는 바람이기 때문이다. 아무것도 아니다. 그저 고기 추가에는 반드시 그에 상응하는 찬 하나라도 내주면 된다. 그럼 차별화된다. 거기서 딸랑 고기만 내주면 그 이득이 기쁘겠지만, 멀리보면 제 살을 깎아먹는 짓이다. 이 책을 본 많은 손님들도 고깃집에서 더 이상 물러서지 않았으면 좋겠다. 심지어 자리를 이동해서라도 고기 찬을 새로 받기를 바란다. 그건 진상이 아니다. 지불 가치에 대한 정당한 요구니까 말이다.

PART 5

Restaurant
food and drinks

하수는 가격,
고수는 가성비로 승부한다

장사의 고수인지 하수인지를 판단하는 기준은 참 간단하다. 대부분은 경험이 많고 시간이 흐르면 고수가 되는데, 장사는 시간과 경험이 상관없다. 20년 식당을 경영해도 하수 소리를 듣는 사람이 있고, 식당 경영 2년 만에 고수 소리를 듣는 사람도 있다. 그건 바로 싸움의 무기를 어디에 두는가에 있다.

저가의 재료로 자기 것을 너 많이 남기고 파는 사람이 고수인 것 같지만 사실은 하수다. 정직하게는 물론이거니와 손님이 더 이득을 보도록 퍼주는 사람이 하수인 것 같지만 사실은 고수다. 꼼수를 부려 파는 사람이 매출도 좋고 수익도 좋으니 고수 같지만, 그 사람은 매일매일이 불안하다. 오늘은 또 어떤 식의 눈 가리고 아웅으로 손님의 등을 쳐야 하는가 걱정이 될 뿐이다. 반대로 우직하게 이타의 상차림이 식당 장사라고 믿는 초보가 어느새 팬이 된 단골들 덕에 방송에도 나오고, 체인점도 내달라는 아우성에 어리둥절하게 되는 광경을 간간이 목격한다.

손님은 바보가 아니다. 마지못해 먹는 점심과 기대하고 먹는 점심을 분명히 구분한다. 특히 평일의 점심을 마지못해 습관처럼 먹는 것뿐이다. 그걸 내 장사 수완으로 착각하면 결국 나중에 실패한 자신과 마주하게 될 것이다.

가격을 가지고 흥정하는 자는 하수요, 손님이 흡족할 상차림의 가성비를 유지하는 자는 고수다. 바로 그 고수가 되는 쉬운 길을 이번에도 간결하게 안내할 것이다.

식당의정성

001
장사에도 급수가 있다

● 말에는 기승전결이 있고, 어떤 것이든 도입기 · 성장기 · 성숙기 · 쇠퇴기가 있다. 이걸 따르지 않고 동분서주 · 우왕좌왕한다면 아무것도 이루지 못할 것이다. 그럼 장사는 어떨까? 장사 입문자와 초보자 그리고 숭수와 고수는 분명히 있다. 힌눈에 봐도 티가 딱 난다. 그런데 희한하게 고수라고 매출이 꼭 높은 것은 아니다. 완전 생초보가 더 나은 매출을 올리는 것을 목격하고는 필자 역시도 "장사는 역시 어렵다"라는 말을 하곤 한다. 그건 바로 운칠기삼이다. 단기적으로는 '운칠'이 더 낫다. 그러나 결국 장사는 '기삼'으로 끝을 맺는다.

순식간에 식당 장사로 일어섰다고 모두가 존경하는 것도 아니다. 엄청난 가맹점 수를 늘렸다고, 그 대표가 인구에 회자되지도 않는다. 수완이 고수인 사람과 진심이 고수인 사람은 분명 다르기 때문이다.

초보는 대체로 흰 도화지다. 무슨 색을 입히던 잘 배어든다. 그에 반해 하수는 정반대다. 말이 먹히지 않으니 하수다. 자기 고집만 있으니 하수다. 남의 말을 경청하지 않으니 하수다. 자기는 옳고 너는 틀리다고 작심하니 하수다. 초보와 하수는 그래서 다르다. 초보는 가르치면 되는데, 하수는 아무리 가르쳐도 먹히지 않으니 손을 놓게 된다. 하수는 욕심이 앞선다. 내 것이 우선인 사람이 하수다. 오지도 않는 손님을 머릿속에서 계산해서 빌딩을 짓는 사람이 하수다. 하수는 자신이 하수임을 들킬 때 가장 화를 낸다. 그래서 하수는 허세가 심하다.

손님 입장에서 생각하는 사람이 고수다. 손님이 원하는 바를 먼저 알아채는 사람이 고수다. 손님이 말하기 전에 서비스를 하는 사람이 고수다. 손님 주머니를 존중하는 사람이 고수다. 손님의 눈으로 자신의 식당을 관조하는 사람이 고수다. 손님 마음처럼 복기하는 사람이 고수다. 매출이 좋고, 줄을 세우고, 돈을 많이 버는 사람이 고수라고는 생각지 않는다. 특히 식당 30년 했다고 목에 힘주는 사람을 고수라고 말하긴 정말 질겁할 정도다.

생각이 고여 있거나 오늘 하루만 걱정하고 당장의 매출에만 일희일비하면 아무것도 이룰 수 없다. 하수는 아무리 공부해도 고수의 반열에 오를 수 없다. 마음을 비워야 한다. 오늘 내일을 걱정하는 것이 아니라 단골 하나를 만들 각오를 해야 한다. 꽃을 피울 시간을 견뎌낼 작정을 해야 한다. 그럼 고수가 된다. 그렇게 완성된 고수는 장사가 가장 쉽다. 식당 장사로 돈을 버는 즐거움에 빠진다. 좋은 대학을 나와 대기업에 다니는 사람보다 더 윤택하고 넉넉한 삶을 사는 것이 식당장사의 좋은 본보기다. 그런 고수가 되어보자. 어렵지 않다. 정답을 잘 모르겠거든, 분명한 오답부터 제거하면 된다. 가지 말아야 할 길, 하지 말아야 할 행동이 뭔지부터 알면 된다.

식당의 정석

002
하수는 다메뉴로 싸운다

● 강의를 할 때 먼저 하수를 체크하기 위해 던지는 질문이 있다. "장사가 생각만큼 안 됩니다. 준비하고 차린 메뉴를 손님이 잘 찾지 않습니다. 그럼 어떡해야 합니까?"라고 물으면 대부분 다른 메뉴를 개발한다고 답한다. 손님이 찾을만한 메뉴를 만들어야 한다는 것은 일견 맞다. 그러나 틀리다. 새로운 메뉴보다는 가성비가 없는 본인의 음식을 개선하는 것이 급선무다.

클리닉을 요청받고 현장에 가보면 상차림이 가관이다. 그럴 때 주인에게 "사장님이 손님이라면 이 음식을 그 돈 주고 사먹을까요?" 이 말 한마디에 얼굴이 붉어진다. 그게 컨설팅이다. 대단한 것을 지적해야 컨설팅이 아니다. 바로 눈앞에 보이는 그것을 질책하고 개선하도록 방향을 잡아주는 아주 쉬운 일이 바로 컨설팅이다.

메뉴를 늘린다? 도대체 어떤 메뉴를 개발해서 내놓아야 할까? 그걸 장사를 하다보면 알아챌 수 있는가?

국수집을 차렸는데 손님이 오지 않으니 밥 메뉴를 추가하면 되는가? 그래서 비빔밥도 만들고, 김치찌개랑 된장찌개도 추가하고, 저녁엔 당연히 삼겹살도 팔아야 하는가? 그럼 애초부터 그렇게 만들지 왜 국수집을 차렸는가?

망하는 식당을 슬쩍 들여다보면

- 점심 메뉴를 늘린다.
- 가격을 일부 할인한다.
- 모든 메뉴의 가격을 할인한다.
- 작정하고 저녁 메뉴를 늘린다.
- 결국 마지막 종잣돈을 털어 업종을 바꾼다(간판 교체).
- 마침내 가게를 헐값에 판다. 만세를 부른다.

이 공식에서 크게 벗어나지 않는다. 누가 가르쳐주지도 않았는데 이 절차를 따르는 것을 보면 사람의 생각은 참으로 거기서 거기인 것이 맞다는 생각을 한다.

한 번 사랑을 주기가 어렵지 한 번 주고나면 그때부턴 쉽다고 한다. 그것처럼 처음에 메뉴 하나를 추가하기가 어려울 뿐이지, 한 번 어긋나면 그때부터 동네 모든 메뉴를 취급하는 것은 땅 짚고 헤엄치기다. 처음 국수집을 차릴 때는 면 삶는 법도 배우고, 국물 맛내기도 배우고,

국수에 어울리는 김치 하나도 배웠건만 메뉴를 추가할 때는 인정사정 없다. 닥치는 대로 내준다. 정성이고 뭐고 없다. 일단 오늘 한 그릇이라도 더 팔아야 하니까 무조건 메뉴 늘리기에 혈안이 될 뿐이다.

특히 점심을 포기하고, 저녁에 맞는 메뉴 개발에 집중한다. 밥보다는 그래서 술로 공략하는 것이 수월하다는 본능적 판단으로 과거 어릴 적 보던 실비집처럼 2016년에도 포차 메뉴를 식당에 적용시키는 집들을 쉽게 볼 수 있다. 하수는 당장이 급하다. 돈이 없는 것도 아닌데 일희일비한다. 1억원 매출을 올리던 사람이 2천만원 매출이 하락했다고 징징대는 것을 보면 정말 답답할 뿐이다.

식당의 정석

003
하수는 가격으로 싸운다

● 메뉴를 늘렸음에도 매출이 오르지 않으니 그 조바심은 이루 말할 수 없다. 그래서 드디어 이제는 특단의 조치를 내린다. 싸게 파는 것, 즉 싼 것으로 유인하기다. 이때 아주 쓸모있는 카드가 점심 특선이다. 점심에 특별한 음식을 준비한다는 개념을 점심에 특별히 가격을 싸게 판다는 명분으로 바꾸는 것이다. 그럼 부끄러움도 덜하다. 배달하면 5천원, 홀에서 드시면 3천원이라는 짬뽕집 현수막도 그래서 생겨난 것이다.

7천원짜리 음식을 6천원으로 내렸다고 손님이 갈까? 도대체 얼마 정도로 내려야 손님이 움직일까? 최소 4천원대로 가격을 내리지 않는 이상은 시선을 잡아끌기 힘들다. 5,500원으로 내렸다고 해결되지 않는다. 편의점 도시락 가격 수준에 맞추지 않고서는 할인의 효과를 보기 힘들다. 이처럼 가격을 어정쩡하게 내리니까 문제가 해결되지 않는다. 그러나 그 이상 내릴 배짱은 없다. 그렇게까지로는 남는 게 없다는 것을 확연히 알기 때문이다. 그러니 가격을 내리는 묘수로도 손님이 없는 상황을 타개할 길이 없다.

필자의 지적대로 과감히 가격을 내리는 식당이 있다. 경험이 그래도 풍부한 사람들이 하는 결정이다. 그러나 나만 손해볼 수 없다는 심사가 거기에 담겨있다. 7천원에 팔던 뚝배기를 4,500원에 팔면서 당연히 양을 줄인다. 정작 있어야 할 내용물을 덜어내고 만든다. 당연히 반찬도 값싼 나물 위주다. 줘도 손이 가지 않아서 번번이 되돌아오는 그런 것들을 쓴다. 생선살보다는 밀가루 함량이 높은 무늬만 어묵을 볶아서 내준다. 바로 나만 당할 수 없다는 생각에서다.

참 한심하다. 손님이 그걸 모를 거라고 생각하는가? 그렇게 줘도 4,500원짜리면 군소리 없이 먹을 거라고 진짜 믿는 건지 묻고 싶다. 크림을 찍어먹어야 하는 크림파스타를 5천원이라고 먹겠는가? 씹어도 삼켜지지 않는 질긴 수입육을 샤브에 내주고 6천원을 받는다고 손님들이 열광할까?

당신의 식당에 손님이 없는 까닭은 가격이 비싸서가 아니다. 식당이 요구한 가격에 맞는 가성비가 없어서다. 그리고 그것이 인정되는 시간을 견뎌내지 못하고, 조바심에 마음이 흔들리는 당신을 눈치채고 신경전을 벌이는 거다. 손님이 겨우 7천원짜리 음식을 가지고 식당을 건드려보는 것이다. '내가 안 가면 넌 가격을 내릴지도 몰라' 라고!

아이들도 무한리필 고깃집을 재미로 가보곤 안 간다. 그들도 장금이의 입맛을 가지고 있다. 맛이 없는 데도 싸다고 가지는 않는다. 그저 호기심으로, 재미로 한두 번 가는 것뿐이다. 싼 가격이 통하려면 '세상에 이런 일이' 정도는 되어야 한다. 2천원 국밥치고는 참 실하다는 정도가 되어야 싸다는 장점으로 많이 팔 수 있다. 그런데 그건 정말 불가능하다. 그러니 그런 도전은 애초에 하지 않는 것이 좋다. 당신이 싸다고 느끼는 가격으로는 손님이 볼 때 미동조차 않는다. 손님의 엉덩이를 들썩이게 하려면 정말 각오하고 내려야 한다. 천원떼기 장사를 각오하지 않는 이상은 절대 불가능한 일이다.

그럴 바에는 거꾸로 가격(원가)을 올려라. '맛창' 식 산수를 잘하면 그게 더 빠른 길이다. 7천원 국밥을 4,500원에 팔지 말고, 차액 2,500원을 원가에 더 투입하는 것이다. 그리고 원래 가격인 7천원을 받으면 된다. 그럼, 기손의 원가 2천원에 가격을 내리고자 마음 먹었던 2,500원을 보태니 총원가는 4,500원이 될 것이다. 무려 7천원 뚝배기에서 원가가 60%를 넘게 될 것이다. 어느 식당에서 원가 60%를 넘게 주고 파는 집이 있던가?

4,500원을 받고 팔아도 2,500원이 남고, 7천원을 받고 팔아도 2,500원이 남는다. 과연 손님은 어디로 몰릴까?

이 계산이 아직도 이해되지 않고 못마땅해 보이는가? 기어이 원가율로 산수를 셈해야 하겠는가?

식당의 정석

004
하수는 맛으로 싸운다

● 아내가 될 사람과 먹는 밥과 아내와 먹는 밥이 같을까?

승진 소식을 듣고 먹는 점심과 명퇴자 명단에 오른 이름을 보고 먹는 점심은 또 어떨까?

같은 식당에서 같은 음식을 먹을 때도 이렇게 맛이 다르다. 대학 다닐 때 돈 때문에 먹어야 했던 가장 싼 백반이 여유 있는 사회인이 되어 추억을 찾아 먹을 때와 다른 것도 굳이 경험이 필요 없을 것이다. 얼마든지 유추만으로도 이해될 것이다.

그런데 식당은 자꾸 맛에 신경을 쓴다. 최고의 맛을 내보려고 한다. 가능한 일이 아닌데 그것으로 돌파구를 삼으려고 하니 가성비는 점점 멀어진다. 맛있는 아구찜. 좋다. 그리 만들면 정말 좋다. 그러나 손님은 모두가 그 아구찜을 맛있다고 하지 않는다. 누구는 '진짜 맛있다'

고 하고, 누구는 '괜찮은데'라고 하고, 누구는 '이게 뭐 맛있냐'고 한다. 원래 그런 법이다. 어제는 맛나게 먹었는데 오늘 자신의 기분 따위는 무시하고, 같은 음식이 하루 만에 맛없어졌다고 짜증내는 사람이 어디 한둘일까?

차라리 中자 같은 小자 아구찜을 주면 손님들은 맛있게 먹는다. 아구찜은 평범하지만 찬을 한정식처럼 신경 써서 내주면 맛있게 먹는다. 앞 접시 하나라도 근사한 것으로 표현하면 맛있게 먹는다. 공손하게 진심으로 감사한 마음으로 아구찜을 내주면 맛있게 먹는다. 영혼 없는 목소리가 아니라 웃으면서 마음 가는 멘트 하나를 날리면 맛있게 먹는다.

그런데 하수는 오직 맛에서 답을 찾으려고 한다. 맛있게 만들면 언젠가는 알아줄 거라고 믿는다. 그 '언제'가 언제가 될지는 아무도 모른다. 그 이유는 손님마다 맛의 기준이 나르기 때문이다. 사람마다 주머니 사정이 다르기 때문에 같은 가격도 체감이 다른 것이다.

005
고수는 주변과 상생한다

● 식당에서 후식으로 커피를 흔하게 준다. 그 흔함을 이용하여 원두커피로 질을 높여 재미를 본 경우도 쏠쏠하다. 그런데 문제는 식당 주변에 커피집들이 너무 많아서, 커피를 가지고 내 이득을 보고자 공짜로 줄 때 옆의 커피집은 눈물을 흘릴지 모른다. 어느 정도 떨어져 있다면 몰라도, 한 건물에 여러 개의 커피집들이 있을 땐 사실 역효과까지 맞을 수 있다. 손님도 충분히 약자를 배려하고자 하는 마음을 가지고 있기 때문이다. 그래서 만든 컨셉이 있다. 커피는 어떤 집이든 상관없다. 특정한 곳과 타이인 프로모션을 하는 것이 아니라, 커피집 전체를 내 아군으로 만들어 서로 상생하자는 것이 이 마케팅의 이타적 포인트다.

컨설턴트의 비밀노트

고수의 한수 — 창업전문가가 보고 배우는 맛있는 창업 / 체인본사가 보고 카피하는 맛있는 창업

목록　스크랩　　　　　　　　　　　　　　◀이전글　다음글▶

커피는 커피집으로!

직장인이 주력 타겟입니다.
그래서….
캡슐커피 기기를 10대 가져다 놓고
(그럼 눈에 확 띔. 개당 13만원)

식사 후 나가시는 손님에게
한 잔씩 드릴까 했습니다.
캡슐 원가 600원 정도.
닭국수 가격을 조정해서라도…

그런데 바로 옆집에서
[아메리카노 2,500원. 1+1]이란 걸 봤습니다.

달콤 형도 커피는 하지 말자고 했고요.
그래서……
같은 빌딩 내에 있는 모든 커피집을
내 편으로 삼습니다.
10장에 한 잔이 아니라
20장에 닭국수 한 그릇을 줍니다.

20장을 채우던 말던 상관없습니다.
가위바위보 3회 연속과 같은 개념입니다.
저도 손님이 기분 나쁘지 않은…

식당의 정석

006
고수가 가격을 인상할 때(1)

● 가격 인상에는 반드시 명분이 있어야 한다. 그러나 대부분은 뜬금없이 일방적으로 가격 인상을 단행한다. 혹은 배추값이 엄청 오르거나 삼겹살값이 엄청 오를 때 그게 당연하다는 듯이 가격을 올리기도 한다.

문제는 그런 명분 있는 인상에 손님이 동조하면 괜찮은데, 손님이 기분 나빠 발길을 끊으면 그땐 후회해도 소용이 없다는 점이다. 어느 작은 떡볶이집이 장사가 너무 잘되니까, 해가 바뀌면서 어묵값을 700원에서 무려 900원으로 올려버렸다. 그 어떤 이유도 설명하지 않고, 해가 바뀌어서라고만 했다. 어묵은 떡볶이를 받치는 부가메뉴다. 그리고 그건 미끼메뉴이기도 하다. 그런데 이 미끼메뉴의 가격이 200원이 올랐다고 보지 않고, 700원 판매가를 기준해서 30%가 올랐다고 여긴 손님들이 항의의 표시로 떡볶이조차 사먹지 않았다. 어묵에서 200원 벌려고 욕심내다가 떡볶이집 전체가 휘청이게 된 것이다.

그래서 가격을 부랴부랴 800원으로 내렸지만, 그 타격은 6개월 넘게 이어졌다. 그렇게 입은 손실은 그 집 평소의 매출로 봤을 때 수천만원은 되었을 것이다. 200원 더 벌려다 6개월 동안 망가진 대가로 얻은 손실이다.

이것과는 달리 해가 바뀌기도 전에 가격을 인상해야 했던 곳이 있다. 원래부터 제대로 된 가격을 받았어야 하는데, 초보의 심정을 헤아려 조금이라도 손님들이 많이 왔으면 하는 마음으로 점주와 필자가 협의해서 1천원씩 내려서 매겼던 가격이었다.

그런데 장사가 잘되고 안 되고의 유무를 떠나서 지나치게 원가가 높아서 부득이하게 가격을 올려야 지금처럼 완성도 높은 우동을 줄 수 있다는 것에 서로 농의한 후에 어떤 명문으로 놀파할까를 고민하나 만든 내용이다.

아무리 머리를 짜내도 뾰족한 수가 없어서 정공법을 택했다. 계산 착오, 바보 계산법이라는 카드로 손님들에게 용서를 구했다. 다행이 위트가 담긴 진심이어서 손님들은 우동값 인상에 대해 불쾌함이 없었다는 후문을 들을 수 있었다.

컨설턴트의 비밀노트

고수의 한수 　창업전문가가 보고 배우는 맛있는 창업 / 체인본사가 보고 카피하는 맛있는 창업

정공법으로 가격을 인상한다

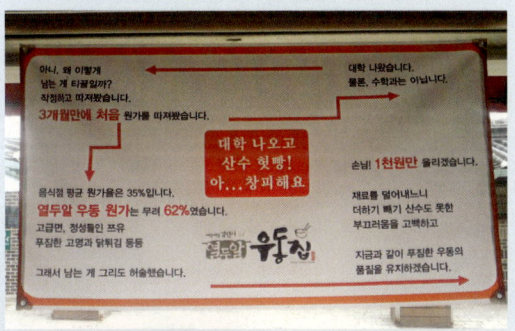

PART 5 : 하수는 가격, 고수는 가성비로 승부한다

007
고수가 가격을 인상할 때(2)

● 사정이 있어서 가격을 올려야 한다면 올려야 한다. 올리지 않고 재료를 덜어내어 손님의 상을 부실하게 만드는 것보다는 가게 사정을 이해시키고 품질을 유지하는 것이 옳은 일이다. 그것이 싫다면 어쩔 수 없다. 그 손님은 버리고 가야 하니 말이다.

앞으로 손님이 더 지불해야 할 1천원을 정당화하기 위해 부득이하게 사입원가를 공개하는 방법을 택했다. 사실 장사를 하면서 원가를 공개한다는 것이 쉬운 일은 아니지만, 다행히 고깃집은 고기 외에 주는 찬(특히 가브리살의 푸짐한 반찬들은 더더욱 가치가 있고, 그 부분을 이해시키고자 했다)이 있기에 고기 원가만 가지고 손님이 지불하는 값을 따지지 않는다는 점에 착안하여, 남들은 기피하는 원가를 공개함으로써 판매가격 1천원 인상의 부득이함을 알린 것이다.

이처럼 필요에 의해서는 원가 공개라는 정공법으로 가격 인상에 대한 명분과 동의를 구하는 것도 나쁘지 않다.

📍 맛창 컨설팅 보고서 - **원가공개 정공법**

1kg = 12,000원	180g = 2,160원	판매가 11,000원(19.6%)
1kg = 16,000원	180g = 2,880원	판매가 11,000원(28.8%)
1kg = 16,000원	200g = 3,200원	판매가 13,000원(24.6%)
1kg = 16,000원	180g = 2,880원	판매가 12,000원(24.0%)
1kg = 16,000원	180g = 2,880원	판매가 13,000원(22.2%)

고기값이 올라서 메뉴 가격의 차이가 많이 발생했습니다.
<u>판매가를 조정해도 역시나 기존 원가와 판매가에 비해 높습니다.</u>

몇 그램(g)을 1인분으로 할 것인지에 따라서 차이가 있기는 합니다.
<u>그렇다면 선택을 해야 합니다.</u>
1) 그램(g) 수를 조금 더 주고 값을 많이 올리느냐?
2) 그램(g) 수를 동일하게 내주고 값을 조금 올리느냐?
3) 그동안 경험한 손님의 수준? 반응!을 놓고서 판매가를 정해야 합니다.
4) <u>손님 입장에서도 생각을 해봅니다.</u>
　　13,000원에 200g을 선택할 것인가? 12,000원에 180g을 선택할 것인가?

[방법1]
일정한 상한가를 염두에 두고 가격을 올립니다.
<u>12,000원을 할지, 13,000원을 할지는 점주가 정합니다.</u>
가격 저항을 누르는 방법은

➜ **기존과 다른 상차림**
➜ **그간 제압해 왔던 점주의 멘트빨**
➜ **명분이 있는**
　가격고지 안내문

> 별 수 없다. 눙치는 눈치작전으로 가자.
> 이해시키려고 하지 말고, 은근슬쩍 넘어가도록 하자.
>
> 그러니까 대번 문구가 잡힙니다.
> '오징어탄구이, 2016년까지 8천원으로 올리지 않고 갑니다. 가격 go정 ^^'

맛창 컨설팅 보고서 - 원가공개 정공법

[방법2]

가격을 올립니다. 명분 있는 고지와 더불어 약속도 합니다.

마치 박달식당의 탄구이를 몇 년도까지는 더 이상 올리지 않겠다는 다짐처럼

+

거기에 보태어 '고기값이 내려가면 판매가도 낮춥니다'라고 약속까지 합니다.

"고기값이 폭락하면 1인분당 1천원 쿠폰으로 배상합니다."

(기존 값보다 2천원 올렸다면 2장, 1천원 올렸다면 1장으로 배상)

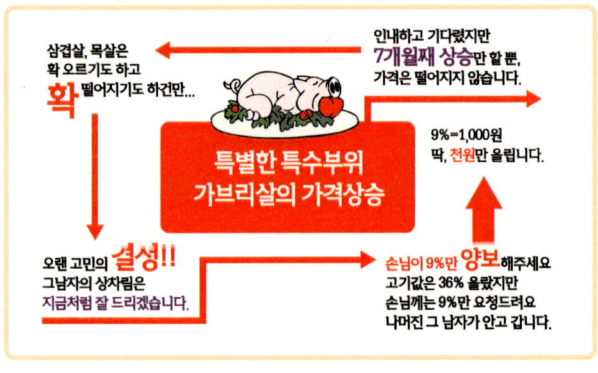

식당의 정석

008
고수가 아니어도
인생의 주인공이다

● 사람들은 누구나 자신의 스토리를 가지고 있다. 그것이 꼭 대단할 필요는 없다. 하지만 내 이야기는 어떻게 다듬고 정리하는가에 따라 가치가 있어진다. 없는 가치도 만들어서 포장해야 하는 세상이다. 한 사람의 긴 이야기가 간결하게 정리되기도 한다. 물론 이런 정리의 솜씨도 컨설턴트의 몫이다. 컨설턴트는 그래서 사실 다재다능해야 한다. 정리의 힘은 물론이거니와 맥을 잡는 솜씨, 그것을 압축하고 표현하는 능력도 필요하다.

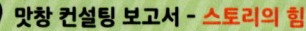
맛창 컨설팅 보고서 - **스토리의 힘**

학생운동을 했습니다.
그땐 그게 청춘이기도 했었습니다.

당시 이 청춘은 언제나 옳고
지나간 청춘은 아쉽고 귀합니다.

(학생운동 그림과
청춘이라는 단어로 한 컷!)

청춘과 바다!
그래서 지원한 해군.

첫 부임지가 서거차도였습니다.
그때 나이 24살이었습니다.

(해군과 바다, 컷으로 만화)

섬에는 아이들이 있었습니다.
당연히 학교도 있었구요.
우연인지, 필연인지
저는 섬마을 선생님으로
명(命) 받았습니다.
서거차도 군인 선생님으로

(섬마을 선생님으로 한 컷!)

아이들의 나이는 7살부터 18살까지 있었습니다.

7살은 순수해서 좋았고
18살은 순진해서 좋았습니다.

저는 섬마을 선생님이었습니다.
(아이들과 섬 학교 이미지로 한 컷!)

낮에는 섬마을 국민학교 선생님
밤에는 섬을 지키는 해군이었습니다.

그렇게 2년이 지났습니다.

(관련 내용으로 한 컷!)

2년 후, 해군으로 섬을 떠나게 되었습니다.

아이들은 들꽃을 따주었습니다.
밤새 들꽃을 따서 꽃다발을 만들어 주었습니다.

(관련 내용으로 한 컷!)

지금도 가끔 생각납니다.
이름은 기억나지 않지만,
섬마을 그때 아이들은 아직도 생생합니다.
섬마을 군인보다 섬마을 선생님이었던
추억이 더 그립습니다.
(관련 내용으로 한 컷!)

그래서 식당 이름이
'섬마을 아저씨'입니다.
혹시 섬마을 다니던 그때
(1983년 서거차도국민학교)
그 녀석들이 혹시 알아보지 않을까
그런 마음으로 식당 이름을
그렇게 지었습니다.

맛창 컨설팅 보고서 - 스토리의 힘

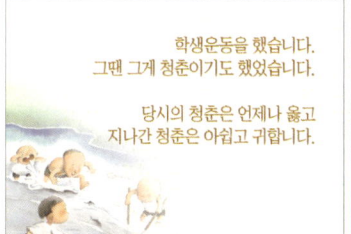

학생운동을 했습니다.
그땐 그게 청춘이기도 했었습니다.

당시의 청춘은 언제나 옳고
지나간 청춘은 아쉽고 귀합니다.

청춘과 바다!
그래서 자원한 해군

첫 부임지가 서거차도였습니다.
그때 나이 22살이었습니다.

섬에는 아이들도 있었습니다.
당연히 학교도 있었구요.

우연인지, 필연인지
저는 섬마을 선생님으로
명(命)받았습니다.

아이들의 나이는 7살부터 18살까지
있었습니다.

7살은 순수해서 좋았고
18살은 순진해서 좋았습니다.

저는 섬마을 선생님이었습니다.

낮에는 섬마을 국민학교 선생님
밤에는 섬을 지키는 해군이었습니다.

그렇게 2년이 지났습니다.

2년 후, 해군으로 섬을 떠나게 되었습니다.

아이들은 들꽃을 따주었습니다.
밤새 들꽃을 따서 꽃다발을 만들어
주었습니다.

지금도 가끔 생각납니다.
이름은 기억나지 않지만,
섬마을 그때 아이들은 아직도 생생합니다.

섬마을 군인보다 섬마을 선생님이
었던 추억이 더 그립습니다.

그래서 식당 이름이 "섬마을 아저씨"입니다.

혹시, 섬마을을 다니던 그때(1980년 서거차도
국민학교) 그 녀석들이 혹시 알아보지 않을까
그런 마음으로 식당 이름을 그렇게 지었습니다.

2016년 5월까지 일산에서 운영

PART 5 : 하수는 가격, 고수는 가성비로 승부한다

009
고수는 오토식당도 쉽게 만든다

● 오토식당은 주인이 없어도 주인이 있는 것처럼 돌아가는 식당을 말한다. 남편이 없으면 아내가 하고, 아내가 쉬는 날에 남편이 대타를 뛰면 아무런 문제가 없다. 그런데 그건 오토가 아니다. 분할영업일 뿐이다. 함께 행복해야 할 부부가 낮에는 아내가, 밤에는 남편이 편의점을 지키는 것이 선망의 대상이 될 수 없듯이 말이다.

성장한 자녀가 있다면, 함께 피를 나눈 형제자매가 있다면 몰라도 사실 오토식당은 어지간한 재력이 있지 않고서는(수익에 큰 연연함이 없을 때) 일반적 상황에서는 거리가 먼 이야기일 수 있다. 그렇다고 내 몸 하나 편하자고 직원에게만 맡기면 장사는 허물어지기 딱 좋음을 알고 있다. 내가 나가지 않아도 내가 있는 것처럼 해낼 수 있는 직원을 구한다는 것은 많은 급여만으로도 해결하기 힘든 명제다.

그것을 풀어낸 한 남자가 있다. 그리고 그 솔직한 방법이 꽤 유쾌했다. 양쪽이 다 살 수 있는 묘수였다. 머리를 탁 치게 만든 신의 한 수다. 물론 이것이 통하려면 몇 가지의 전제조건이 필요하다.

- 줄 서는 식당이어야 한다는 점. 최소 누가 봐도 '저 집 대박이야' 소리를 들을 정도는 되어야 한다.
- 그 식당에서 오랫동안 성실히 일한 직원이어야 한다는 점. 아무나 돈으로 덤비면 그것도 얼마가지 못할 수 있다. 그 식당을 속속들이 알고 있는 직원이어야 한다.
- 당연한 이야기지만 그 직원이 돈이 있어야 한다. 가게 하나 차릴 돈까지는 아니어도, 지분 50%를 인수할 돈은 있어야 한다.
- 당연한 소리지만 점주가 50%의 수익을 마음 속에서 비워야 한다. 한 번에 받은 지분 값과 가게가 문 닫을 때까지의 수익 50%를 바꾼다는 통 큰 결정이 있어야 한다.

컨설턴트의 비밀노트

고수의 한수 창업전문가가 보고 배우는 맛있는 창업 / 체인본사가 보고 카피하는 맛있는 창업

목록 스크랩   ◀이전글 다음글▶

저 대신 경영하세요.

> ○○식당을 애용하시는 **손님 단 한 분께 50% 지분**을 드립니다.
> ○○식당을 카피해서 차린다고 성공 보장은 못합니다.
> 권리금으로 100% 인수한다고 현재 같은 매출 보장은 못합니다.
> 다른 곳에, **흉내내서 차릴 돈의 절반**을 ○○식당에 투자하세요.
> 그리고 직접 일을 하세요. 운영하세요. **저 대신 경영하세요**
>
> 그럼!
> 안정된 **월급**이 생깁니다.
> **절대 망하지 않습니다.** (아시겠지만, 식당 열에 여덟은 망합니다.)
> **수익의 50%가 재테크됩니다.** (땀 흘려 완성된 결과물에 올라타세요.)
> 1억을 투자하시고 300만원만 가져가셔도, **연수익률은 36%입니다.**
> 3년이면 투자금은 다 회수하십니다.

내가 투자한 돈을 얼추 확보하고서 지분 50%를 갖는 방법입니다.
○○○을 통해 확인한 묘책입니다.
일하는 직원이 투자를 해서 동업자가 되는 품고, 넓나면 손님을 농업자로 모셔도 됩니다.
이미 내 식당을 좋아하는 사람이라면 그도 가능합니다. 이것을 하는 목적은 다음과 같습니다.

- 50% 지분을 팔고 경영에서 떨어져 쉴 수 있습니다(투자자가 내 가게처럼 열심히 일할 것은 자명한 일입니다).
- 일을 지금처럼 하지 않고서 50%의 수익금이 발생합니다.
- 50%에 지분을 파는 금액은 사실 내가 투자한 총액의 80% 이상입니다(따라서 어느 정도의 수익이 반드시 발생해야 합니다). 그 정도를 미리 받으면 나중에 권리금 회수에서도 여유가 생깁니다.
- 50%의 지분 값으로 나는 두 번째 식당을 차릴 수 있습니다.
- 같은 방식으로 나는 세 번째, 네 번째 식당을 차릴 수 있습니다.
- 이런 방식으로 일을 많이 하지 않고서 여러 개 식당을 운영할 수 있습니다.
- 이 결과물로 각 식당에서 안정적인 수익 50%를 확보할 수 있습니다.

마지막 단서는,
내가 나머지 지분 50%를 팔 때는 반값에, 상대방이 지분 50%를 뺀다고 해도 반값입니다. 둘 다 변수가 생기면 상대에게 반값에 넘기는 게 핵심입니다(1억원을 받았다면 5천만원을 주고 나는 나중에 빠집니다. 상대방도 발을 뺄 때는 5천만원을 포기하고 뺍니다). 이건 단서조항입니다. 이것 때문에 성사되지 않는다면, 서로가 계산 싸움이니 그런 거래는 안 하는 게 낫습니다.

부록

누구나 습관되면 성공하는
식당성공레시피

누구나 습관되면 성공하는 식당 성공 레시피 〈식당의 정석〉

**여러분께 말 겁니다.
진짜로 이기는 장사를 하고 계시냐고?**

보증금 20만원, 월 20만원짜리
작은 사무실에서 출발..

지금은 사무실, 직원 없어도 당당합니다.
그리고 '맛있는 창업'에서
300명의 경자파를 꿈꿉니다.
300명이 100만원씩 보태어 1억원 식당
3개를 차리는 꿈을 꿉니다.

왜 외식업을 창업하셨는지요? 〈식당의 정석〉

1. 돈 벌기 위해서
2. 마땅히 할 게 없어서
3. 먹는 장사가 쉬워 보여서
4. 적성에 맞아서
5. 외식업을 제일 잘 할 수 있어서

저는 죄송하고 외람된 말이지만
제가 선택한 직업으로서의 컨설팅은 위의 5가지가 다 잘 맞습니다.
그래서 이것 하나에만 매달리고 있습니다.

그러나 외식업 선택의 이유가 저처럼 다 맞을 수는 없습니다.
최소 2가지는 누구나 있을 것이고,
3가지나 4가지에 해당이 된다면 정말 다행스러운 일입니다.

2번과 3번이 오직 이유라면, 성공보다는 면피부터 하셔야 합니다.

메뉴 선택 어떠신가요? 왜 그 메뉴를 선택하셨는지요? 〈식당의 정석〉

1. 점포 입지에 맞아서
2. 하고 싶었던 메뉴라서
3. 다른 것보다 수월해서
4. 블루오션 시장이라는 판단에
5. 가장 솜씨를 부리기 좋아서
6. 다른 메뉴보다 수월해서
7. 마진이 특별히 좋다고 판단해서
8. 주방에 휘둘림을 당하지 않아서

어떤 동기이던 간에 좋습니다.
동기가 중요한 것이 아닙니다.
선택한 메뉴를 남보다 잘하는 것이 중요합니다.

선택한 메뉴를 확실히 차별화하여 인정 받는 것이 중요합니다.

선택한 메뉴 얼마나 잘하고 계시는지요? 〈식당의 정석〉

1. 진짜 맛있게 한다. 확실하다.
2. 그것만 한다. 자잘한 메뉴는 하지 않는다.
3. 제대로 준다. 주메뉴의 진정성을 느끼도록.
4. 제대로 깔아준다. 그건 잘하니까.
5. 남들만큼은 한다. 그 정도는 한다.

진짜 맛있다는…. 손님이 득실거려야 완성됩니다.
그 전에는 절대 맛있다고 자신하지 마세요.

그것만 한다고 다 잘되는 거 아닙니다.
거기에도 원가파괴가 반드시 결합되어야 합니다. 그렇지 않으면 시간만 갑니다.

주메뉴의 진정성을 느끼도록 제대로 주려면 원가파괴해야 합니다.
원가파괴는 최소 50%에 육박할 때 하는 말입니다.

제대로 깔아주는 것 역시, 요령이 필요하고, 담음새나 그릇이 중요합니다.
깔아주어도 태가 나지 않으면 문제가 있다는 뜻입니다.

남들만큼 하세요. 남들만큼 힘들고 그저 그럴 것입니다.

홍보는 하고 계세요? 〈식당의 정석〉

1. 전단지 가끔 뿌린다.
2. 현수막 걸 수 있는 만큼 걸고 다닌다.
3. DB를 가지고 문자도 돌리고, DM도 발송한다.
4. 블로그 마케팅을 한다.
5. 오는 손님에게 최선을 다한다. 구전되게끔.
6. 그냥 하긴 해야지…… 한다.

주인으로서 뭐 하세요?
새벽에 장 보고 오셨다구요?
직원 땜빵한다구요? 주방과 홀 모두 보신다구요?

주인이 할 일은
1. 여봐라~ 자신 있는 상차림을 구현합니다.
2. 그것을 봐달라고 나가서 데리고 옵니다.(그 방법은 어떤 것이든)
3. 데리고 온 손님을 절대 잊어먹지 않고 기억합니다.
4. 도저히 일손이 없어서 그건 못한다구요? 그럼 지금처럼 지내세요

뭘 어떻게 하냐구요? 〈식당의 정석〉

- **메뉴는 무조건 간소화합니다. 만일 늘려야 할 경우엔 몇 가지 트릭을 씁니다.**
  - 무더위 극복 한시적 3개월 시판 메뉴
  - 손님의 반응이 좋으면 주메뉴로 입적시킬 메뉴

- **메뉴의 포인트를 주메뉴에 둘 것인지, 찬에 둘 것인지, 상 밖의 상차림(보리 강정, 슬러시, 커피, 빙수 등)으로 둘 것인지 결정합니다.**
  - 고관여를 저관여로 할 경우에는 군더더기 없이 주메뉴를 강조하고
  - 저관여를 고관여로 올릴 경우에는 깔아줌도 포인트가 됩니다.
  - 어떤 경우든 그릇과 담음새는 매우 중요합니다.
  - 가로로 넓혀 보이게 하고, 주메뉴를 보완할 것인지, 뛰어넘을 것인지로 그릇 크기도 결정해야 합니다.

- **곁들임의 묘미를 잘 살립니다.**
  - 곁들임은 절대 주메뉴 가격의 50~60%를 넘지 않습니다.
  - 곁들임에서는 마진을 염두에 두지 않습니다.
  - 곁들임은 수시로 교체합니다. 질리지 않도록.

뭘 어떻게 하냐구요? 〈식당의 정석〉

- **가격에도 묘미가 있습니다. 정액제 스타일 금지, 균일 가격 금지.**
- 小中大에서는 中에서 결정하도록 합니다.
- 小에서 中은 가볍게, 中에서 大로는 넘기 힘들게 합니다. 그래서 중간 가격이 안심되고, 가장 합리적이라는 생각이 들게 합니다. 심지어 大는 팔지 않겠다는 마음도 좋습니다.

- **1인분 덜 파는 것도 방법입니다.**
- 국물로 양을 채우는 음식이거나, 1인분보다는 小中大로 가는 메뉴들은 주문받을 때부터 1인분 덜 주문해도 좋다고 합니다.
- 어차피 손님이 머리 굴릴 것을 미리 캐치하여 손님이 비굴함을 갖지 않도록 합니다.
- 1인분을 덜 팔아? 그냥 1명이 덜 왔다고 눈감으면 그만입니다.

- **간밤에 유리창 깨졌다고 생각합니다.**
- 그러면 네프킨 처음처럼 좋은 것 쓸 수 있습니다.
- 그러면 메뉴판 속지 바꿀 수 있습니다.
- 그러면 빛바랜 현수막 바꿀 수 있습니다.
- 그러면 꺼진 간판 등 바꿀 수 있습니다.
- 그러면 손님이 찬 더 달라고 해도 예뻐 보입니다.

뭘 어떻게 하냐구요? 〈식당의 정석〉

점심과 저녁 그리고 주말에서 2개를 확실히 공략합니다.
그도 안 되면 한 영역대라도 아주 강하게 몰입합니다.
한 영역대가 몰입되면 결국 시간이 입혀지면서 두 개의 영역대로, 나중에는 세 개의 모든 영역대까지 완성할 수 있습니다.
그러나 욕심은 끝이 없으니까, **2개의 영역대를 위해서 달립니다.**

'생각보다 매출이 나쁘다'는
'생각만큼 내가 잘하지 못하고 있구나'로 바꿉니다.

'생각보다 손님이 적다'는
'생각보다 원가파괴의 묘미가 구현되지 못하는구나'로 바꿉니다.

어디를 더 잘해야 하는지
어떻게 원가파괴를 변경해야 하는지……로 접근합니다.

한숨 쉰다고, 투정한다고… 손님이 용서해주지는 않습니다.
단, 세 가지 영역 중 어느 한 영역도 제대로 나가지 못하면 업종을 바꿀 준비를 합니다.

뭘 어떻게 하냐구요?

<식당의 정석>

"다음 달 새로운 메뉴로 뭘 하지?"

"점심과 저녁 모두를 다 잡으려면 어떡하지?"

"왜 손님은 늘 들쭉날쭉인거야?"

"분명히 좋아하는 손님들 있는데 매출이 왜 이래?"

"술은 왜들 안 먹지? 먹어도 왜 딱 일병인거지?"

맛창을 보는 식당과 그렇지 않은 식당이 왜 달라야 하는지요.
경자파는 진짜 어디가 달라야 하는지요.
맛창이 끝없이 남의 집 식탁 숟가락 위치, 종지 위치를 잡아드려야 하는지요.
맛창이 없으면, 경자파에서 벗어나시면 그땐 어쩌려는지요.

상호와 슬로건의 관계

<식당의 정석>

상호 중요합니다. **손님을 당기는 이름과 밀어내는 이름이 있습니다.**
그렇다고 상호 바꾸기가 쉽지 않습니다. 꽤 돈이 들어갑니다.
<u>돈보다도 다시 알려야 하는 일도 만만치 않기 때문입니다.</u>

그러면 상호를 보완하는 슬로건인데..
이 슬로건(컨셉, 구전의 토대)이라는 것이
상호와 매치가 모두에게 매끄러운 것은 아닙니다.
상호가 강해서 슬로건이 무용지물인 경우도 있고 ("I am 꽁피" 같은 경우)
상호보다도 슬로건으로 인식되게 하는 경우도 있습니다. (아래 참고)

상호와 슬로건의 관계 〈식당의 정석〉

상호도 마땅치 않고, 슬로건도 그닥 입에 척 달라붙지 않는다고,
그것 때문에 장사가 안 된다고 변명하는 것도 우스운 일입니다.
그 가게는 본인 것이기 때문이죠.

그럴 때는 인지성에 소구하는 것도 방법입니다.
그냥 딱 보면 웃기고, 기억에 남고, 누군가가 궁금해서 물어보는
그런 것이어도 좋습니다.
없는 것보다는 슬로건은 있는 것이 낫습니다.
그러나 다시 반복하지만, 대개의 슬로건은 상호의 보조자 역할입니다.
절대자가 아닙니다.
아주 간간이 상호를 뛰어 넘는 작품(?)이 나오기는 해도, 그것은 지나친 욕심입니다.
"사실성이 뛰어날 때" 그런 슬로건이 나올 뿐입니다.

가격파괴와 원가파괴 〈식당의 정석〉

가격파괴란?

주변에서는 5,000원에 파는데… 누가 봐도 같은 음식이라고 평가할 수 있는 것을
3,500원에 파는 겁니다.
여기서 가격파괴 금액의 기준은 20%를 넘는 것이라고 맛창은 정합니다.
따라서 5,000원짜리를 4,000원에 파는 것은 가격파괴가 아닙니다.
그 이상은 되어야 가격파괴라고 합니다.
그냥 저는 그렇게 정해 말합니다.
그렇기 때문에 자신은 가격파괴했다고 생각했는데
손님의 반응이 없을 수도 있습니다.

가격파괴와 원가파괴   〈식당의 정석〉

원가파괴란?

5,000원에 들어가는 옆집의 재료비(과거 본인 식당의 재료비)가
1,500~1,800원 정도라고 합니다.
그것을 가격 변동 없이 2,000~2,500원으로 올리는 것을 뜻합니다.
그런데 이 정도 줘서는 크게 티가 안 날 수도 있습니다.
그래서 맛창은 가격을 6,000원이나 6,500원으로 올리고
재료비로 3,000원 가까이 쓰자고 이야기하는 겁니다.
이게 맛창의 원가 파괴이고, 원가에서 자유하기 입니다.
**이렇게 하면 원가 1,800원짜리와 3,000원짜리는
티가 확 나게 됩니다.**

박리다매는 가격은 그대로, 원가는 높여서 진짜 덜 남기고 파는 것으로
원가파괴와는 다릅니다.

가격파괴와 원가파괴   〈식당의 정석〉

아무리 훌륭한 원가파괴의 컨셉도 경쟁자가 드세지면 쇠락해지기 마련입니다.
대표적인 것이 바로 홍합짬뽕입니다.
이제는 어디를 가나 홍합이 듬뿍 올라간 짬뽕을 먹는 일은 어렵지 않습니다.
체인점 '국수나무'만 가더라도 홍굴이 못지 않게 짬뽕을 줍니다.

이런 때에 돌파할 수 있는 카드는 '주메뉴를 더욱 강하게'가 아닙니다.
주메뉴를 특화시켜줄 보조 서비스 메뉴의 접근입니다.

다시 홍굴이를 빗대어 설명합니다. 홍굴이는 홍합을 수북하게 줍니다.
그 위에 원가를 더 올린다고 처음 홍굴이의 팩트를 뛰어넘지는 못합니다.
수직은 원래 그렇습니다.

그래서 그때는 가로로 펼쳐줍니다.
그리고 펼쳐 줄 카드가 주메뉴인 홍굴이보다 크면 더 좋습니다. 그게 바로 피자입니다.
**아마도 웬만한 식당에서 피자를 하기 전까지는
이 카드는 꽤나 유용한 팩트가 될 겁니다.**

가격파괴와 원가파괴　　　　　　　　　　　〈식당의 정석〉

가격파괴와 원가파괴　　　　　　　　　　　〈식당의 정석〉

가격을 올리는 이유 〈식당의 정석〉

1. 조금 더 나은 수익을 창출하기 위해서..
2. 더 이상 양보할 수 없는 재료비 투입을 극복하기 위해서..

비슷한 거 같지만 다릅니다.
1번은 그렇게 하지 않아도 수익이 되는데 욕심을 내는 겁니다.
2번은 원가 상승으로 수익이 악화되는 것을 방어하기 위함입니다
따라서 내가 왜 가격을 올려야 하는지부터 정확히 이해해야 합니다.

어쨌든 가격을 올려야 할 때 구구절절한 이유를 달지 않습니다.
손님이 지적하기 전에 거꾸로 먼저 공격합니다.

"2017년까지 가격 고정"
"2020년까지 가격변동 없이 그냥 갑니다"
이런 식으로 먼저 공격하고 가격을 올려버리는 겁니다.
가격은 올랐지만, 앞으로 더 이상 올리지 않겠다는
다짐으로 빠져나가는 겁니다.

손님에게 칭찬 받는 법 〈식당의 정석〉

간단하지만 손님에게 칭찬 받는 법도 있습니다.
쉽게 따라 할 것 같지만 못하는 행동이 있습니다.

곱빼기도 보통 값으로 받는다.
공기밥은 그냥 주고 만다.

이 두 가지 내용은 쉽고도 팁입니다.

조금만 다르게 표현하면 손님도 즐거운 문구들입니다 〈식당의 정석〉

조금만 다르게 표현하면 손님도 즐거운 문구들입니다 〈식당의 정석〉

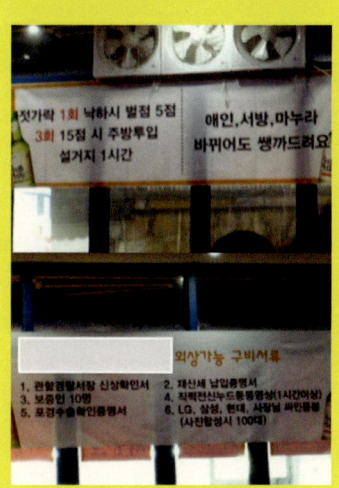

손님이 왜 돈을 내고 음식을 사먹을까요? 〈식당의 정석〉

귀찮은 것을 싫어하는 식당은 매출이 떨어집니다.
직원 편의에 앞장서는 식당도 매출이 떨어집니다.

손님이 왜 돈을 내고 음식을 사먹을까요?
1. 편리하기 위해서입니다.
2. 설거지 걱정 없이 주욱 깔아놓고서 먹는 즐거움 때문입니다.
3. 부려먹고 싶어서입니다.
4. 솜씨가 따라가지 못하는 맛을 먹고 싶어서입니다.
5. 익숙하지 않은 공간에서의 새로운 맛 때문입니다.

그런데 식당은 반대로 이야기하고, 접근합니다.
손님의 소비 니즈는 이것인데,
오직 맛 하나… 만으로 풀려고 합니다.

다시 말씀드리지만, **맛은 '북적거림'으로 완성됩니다.**

투자수익은 얼마를 생각하나요? 〈식당의 정석〉

목표는 도달 가능해야 합니다.
초밥집을 차리니까 무조건 나도 6천만원을 찍고 싶다……는 거짓입니다.
그것 때문에 쉽게 지칠 수 있습니다.

1차 목표매출액은 투자수익을 기준으로 합니다.
총 1억이 투자되었다. 2억이 투자되었다
➔ 본인 인건비 포함해서 월 3%의 수익을 목표로 하고, 그것을 달성하면 됩니다.

1차 목표 매출액에 도달하지 않는다면 2가지입니다.
1. 객단가가 현저하게 떨어지거나
2. 손님의 수가 모자라거나
3. 일손이 지나치게 많거나… 입니다.

이 부분은 업장이 클 때 왕왕 발생하기도 합니다.
평수가 커서 최소의 인원이 필요하지만,
매출이 작은 가게의 그것일 때 이런 결과가 나올 수 있습니다.

1차 목표가 달성되었다면 **2차는 비슷한 크기의 경쟁자 매출 따라잡기입니다.**
그냥 얼마를 팔아 남기겠다보다는 경쟁자를 누르자는 목표가 도전의식에 적합합니다.

인센티브는 어떻게 생각하나요? 〈식당의 정석〉

이제 인센트브입니다.
사람에게 동기부여가 없는 이상, 능력 발휘는 요원합니다.

외식업에서 20년 일했다고 정비례한 급여를 받지 못합니다.
서빙 15년 했다고 300만원 주지 않습니다.
찬모로 25년 했다고 400만원 주지 않습니다.
그래서 여러분의 직원들은 그래서 의욕이 없는지도 모릅니다.

인센티브를 어떻게 줄까? 어디에서 출발할까?
이것은 앞서의 1차 목표매출액과 관계없습니다. 전혀 상관없습니다.
<u>인센티브는 내가 번 것에서 나눠주자가 아니라,</u>
'동기부여를 주어서 내가 원하는 수익을 보다 빨리 창출하자'이기 때문입니다.
놀라셨나요? ^^

인센티브는 어떻게 생각하나요? 〈식당의 정석〉

3~6개월 가게를 운영합니다.
여기서 가장 좋았던 매출의 달을 기준합니다.
1차 수익과 터무니 없을 정도의 매출이라면 적용되지 않으나,
비슷하다면 그 안에서 좋았던 매출액을 기준합니다.
그리고 조금 더 서로가 열정을 가지면 도달할 수 있는 매출액을
인센티브 적용의 근거로 삼습니다.
절대 도달할 수 없는 매출액을 기준점으로 삼으면
아무리 억만금을 준다고 꼬셔도 하지 않습니다.
절대 불가능이라는 불신으로 가게를 대하게 됩니다.

예)
1. "나는 1천만원 수익이면 충분해. 나머지는 모두가 나눠 가져" (유정족발 스타일)
2. 투자수익 3%를 넘는 추가수익의 30%는 모두가 공유합시다. (맛창 스타일)

인센티브는 어떻게 생각하나요? 〈식당의 정석〉

인센티브 만큼이나 주 5일제 근무는 좋은 제안입니다.
돈보다 삶의 질을 원하는 사람들에게 적합합니다.
그러나 모두가 이것을 원하지는 않습니다. 돈이 더 급한 사람도 있습니다.

1. 충분히 나름대로의 고임금을 받는 조리사들은 이것에 관심 있습니다.
2. 주특기가 분명해서 취업이 걱정되지 않는 사람들도 삶의 질을 원합니다.
3. 노동의 강도가 쎈 탓에 힘이 부치는 사람들도 좋아합니다.
4. 주 5일이 버거우면 월 6회 휴무도 좋습니다.
5. 이때 이것을 강하게 보이도록 하려면 3~4일을 묶어서 써도 좋다는 전제를 달아줍니다. 그렇게 하면 휴가를 매달 만들 수 있게 됩니다. 물론, 본인이 체력을 배려해서 결정하겠지만요.
6. 6개월 근무 후 급여 인상이나 5일제 근무를 선택하도록 합니다.
7. 그런 전제 조건으로 6개월을 안정되게 끌고가는 것은 꼼수가 아니라 전술이니까 사용해도 좋습니다.

저금통 마케팅을 활용한다 〈식당의 정석〉

피자만큼이나 확실한 또 하나의 카드,
저금통 마케팅!

내경의 크기는 가로 10 높이 10 깊이 12cm면 됩니다.
아니면 저금통을 미리 구입 후 사이즈를 재도 됩니다.
저금통은 350~400원짜리입니다.
사진처럼 예쁘게 장식장을 만들고, 유리문까지
부착해야 완성입니다. 귀하게 보관해야 가치~

1대 多 마케팅입니다.
여럿이 하나의 저금통에 모아서 적립합니다. 그래야 달성이 쉽습니다.
이 저금통에 관여한 사람들이 새끼를 쳐서 남보다 빨리 채우자고 독려합니다.
그게 저금통 마케팅의 포인트입니다.

직장인 상권(특히 절약정신 강한 공무원 대상)
대학가 상권(워낙 떼로 몰려다니기에)
이 두 가지 상권에서는 잘 먹힙니다.
특히 꼭 그런 상권이 아니어도 사진 찍힐 가치가 있기에 시도하지 않을 이유 없습니다.

저금통 마케팅을 활용한다

〈식당의 정석〉

적립금액은 현금과 카드로 나누면 됩니다.
딱 떨어지지 않으니까,
3%든 5%의 금액이던 손님에게
유리한 쪽으로 100원 더 주면 됩니다.

여기서 포인트는 3개월 입니다.
지지부진 끌어서는 이 마케팅이 퇴색됩니다.
그러자면 '3개월 이내 채우자, 달리자'는
동기부여를 주어야 합니다.
저금통 + 추가로 주는 현금상금이 있어야
합니다. 그게 강하지 않으면,
오피스 상권에서도 그저 그렇게 끝납니다.

거기에 내 식당의 대표메뉴를
함께 주어도 좋습니다.

옹달샘 마케팅을 활용한다

〈식당의 정석〉

지나는 사람들에게 물 한 잔 웃으며 드시라는
'옹달샘'은 유동량이 많은 곳에서는
시선 사로잡기 좋고, 사진으로 남겨지기 좋습니다.
더불어 가게의 배려심도 전달합니다.
무조건 하면 좋은 아이디어입니다.

카드 마케팅을 활용한다 〈식당의 정석〉

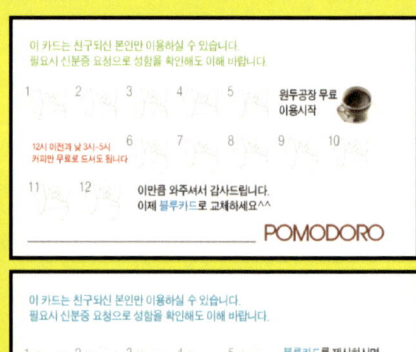

카드 마케팅을 활용한다 〈식당의 정석〉

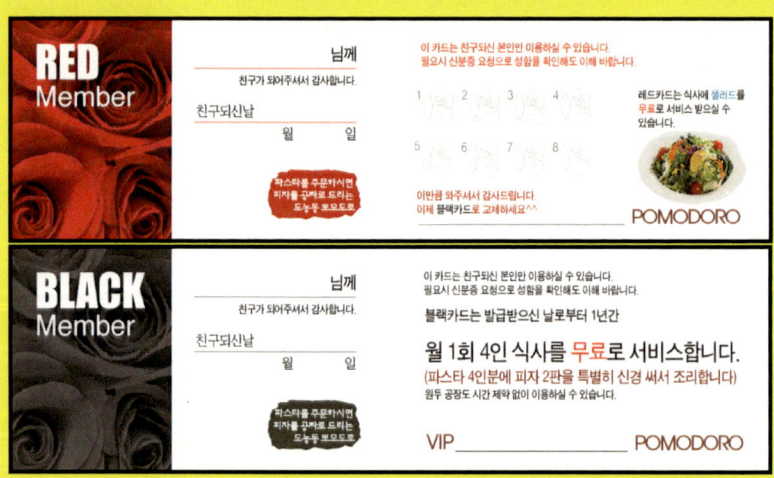

이런 카드도 마찬가지다. 블랙카드의 골인 지점이 강하면 강할수록 도전하게 된다. 어정쩡한 골인 상품으로는 별다른 주목을 끌 수가 없게 된다.

마케팅은 진정성이다 〈식당의 정석〉

마케팅을 뛰어 넘는 진정성

인원 수보다 적게 주문 받으면.. 〈식당의 정석〉

의외로 식당이 먼저 인원 수보다 적게 주문을 받는 것에 대해 손님들은 굉장히 만족해 합니다.
물론, 1인분으로 파는 식당은 할 필요 없습니다.

포장 손님에게는 혜택을 준다 〈식당의 정석〉

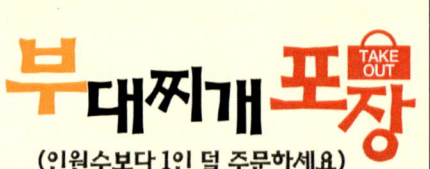

포장할 때

'공기밥도 안 주면서
왜 가격은 식당에서 먹는 것과
같을까?'

손님의 그런 의구심, 찝찝함을
먼저 이렇게 날려버리면 됩니다.

맛창이 만나 본 진짜 강한 식당 〈식당의 정석〉

1. 7천원 추어탕인데 찬을 제대로 내준다.
2. 홍어삼합이 찬에 포함되어 나온다.
3. 밥을 압력밥솥에 주문양만큼 해서 준다.

7천원에 이렇게 주는 식당은 처음 봤습니다.

추어탕을 좋아하지도 않고
삼합은 전혀 먹지 못하지만
상차림으로는
가히 최고라고 치켜봅니다.

맛창이 만나 본 진짜 강한 식당 〈식당의 정석〉

4,000원에 10가지의 반찬과
김치국과 청국장까지 내어줍니다.

비주얼은 정갈하지 않지만
신사숙녀 모두 개의치 않고 먹는 식당입니다.
가격 대비 만족도 특히, 저가격으로 승부하는
집에게는 아주 좋은 본보기 식당입니다.

**맛창이 개인적으로 구현하고 싶은
식당 중 하나입니다.
인테리어 없이…**

맛창이 만나 본 진짜 강한 식당 〈식당의 정석〉

이 집 역시 상대적으로 가격이 착합니다.
그리고 맛도 뛰어납니다.

싼 가격에 양이 푸짐해서 재료를 의심하기
딱 좋은 식당입니다.
그러나 이상한 재료라고는 천만의 말씀입니다.
박리다매를 실천하는 식당입니다.

박리다매야말로 진짜 장사꾼이 아니면
해결하기 힘듭니다.
프로는 아니지만, 참된 장사꾼은 박리다매의
매력을 잘 알고 있다고 생각합니다.

가격파괴를 뛰어 넘는 박리다매 식당.

맛창이 만나 본 진짜 강한 식당 〈식당의 정석〉

가격이 싸다면 싸고 비싸다면 비쌉니다.
대단한 음식도 아닙니다.

이 집은 철저하게 맛으로 이기는 식당입니다.
그 어떤 두부 두루치기도 이 집의 노하우를
따라잡지 못합니다.
맛 선생과 여러 번 탐방했어도 비슷하게조차
맛을 흉내내지 못합니다.
심지어 모양까지도 흉내 못 냅니다.

저관여이지만, **맛으로 뛰어난
최강의 저관여 식당이라고 평하는**
대단한 식당입니다.

맛창이 만나 본 진짜 강한 식당 〈식당의 정석〉

곁들임(후식)에서 인상적인 솜씨를
보여주는 식당입니다.
닭발을 1인분만 시켜도 됩니다.
닭발 외에 흔하게 보는 메뉴들
(파전, 소면 등)에서 손님을 기절시키는
전략을 쓰는 식당입니다.

맛이 월등하지는 않습니다.
그러나 술을 팔기 위해 손님에게 무엇을
어떻게 주면 되는지를 너무 잘 알고 있는
식당입니다.

**벤치마킹 코스에 꼭 넣어야 하는
가치가 있는 식당입니다.** 주 메뉴인
닭발 빼고 다 시켜 먹어봐야 하는 식당.

맛있는 창업

http://www.jumpo119.biz

국내 최**高**는 아니지만 최**古**의 경험이 있습니다.

하루 30분 공부하는 식당만이
앞으로 살아남습니다.
공짜 음식 없듯이, 공짜 배움은
시간 낭비가 됩니다.

맛있는 창업만 하고 있어요

18년째 외식컨설팅 한 길만!
창업서적 10권으로 국내 최다!!
전국에 1500여개 식당이 정보공유!!

대한민국 최초!

유료로 공부하는 식당들이 모인 곳 = 맛있는 창업
www.jumpo119.biz

온리원이 넘버원이다
식당의 정석

초판 1쇄 발행   2016년 12월 20일
초판 2쇄 발행   2017년 6월 10일

지은이   **이경태**
펴낸이   **백광옥**
펴낸곳   **천그루숲**
등 록   2016년 8월 24일 제25100-2016-000049호

주 소   (06990) 서울시 동작구 동작대로29길 119, 110-1201
전 화   02-594-7163 팩스 050-4022-0784
이메일   ilove784@gmail.com

인쇄   예림인쇄   제책   바다제책

ISBN   979-11-959019-2-0 (13320) 종이책
ISBN   979-11-959019-3-7 (15320) 전자책

저작권자 ⓒ 이경태 2016 - 2017
이 책의 저작권은 저자에게 있습니다. 서면에 의한 저자의 허락 없이
내용의 일부를 인용하거나 발췌하는 것을 금합니다.

※ 책값은 뒤표지에 있습니다.
※ 잘못 만들어진 책은 구입하신 서점에서 교환해 드립니다.
※ 저자와의 협의하에 인지는 생략합니다.

이 도서의 국립중앙도서관 출판예정도서목록(CIP)은 서지정보유통지원시스템 홈페이지(http://seoji.nl.go.kr)와
국가자료공동목록시스템(http://www.nl.go.kr/kolisnet)에서 이용하실 수 있습니다.
(CIP제어번호 : CIP2016028309)